Louise

Nos chères amies...

Denise Bombardier

Nos chères amies...

Albin Michel

À toutes mes amies,
même celles qui ne le sont plus.

Aveu

Depuis quelques années, je songeais à écrire un ouvrage sur l'amitié féminine. Tant de plaisirs, de fous rires, de connivences avec mes amies sont intimement liés à l'histoire de ma propre vie. Mais une blessure d'amitié aussi subite qu'inexplicable a déclenché en moi un besoin urgent d'écrire ce livre. Je n'aurais pas imaginé que l'incident m'affecte à ce point. J'ai découvert alors qu'une peine d'amitié pouvait faire aussi mal qu'une peine d'amour. Au point d'y penser jour et nuit durant des mois.

J'ai voulu comprendre ce qui avait provoqué tant de tumulte en moi. J'ai tenté en vain de saisir l'insaisissable car je demeure incapable d'expliquer rationnellement la cause de mon désarroi. C'est dans le non-dit que mon drame s'est joué, c'est dans le non-dit qu'il est resté. Pourtant, ce qui nous lie à une amie, nous le savons bien, c'est tout ce qu'on peut lui dire. C'est la base de l'amitié, mais les amies ne sont pas toujours éternelles, et ça, nous ne sommes pas prêtes à l'avouer.

Avant-propos

« Veux-tu être mon amie ? »

Je devais avoir quatre ou cinq ans et je me souviens encore de la force de mon émotion le jour où Monique, une petite voisine, m'a posé cette question. Elle me choisissait entre toutes, j'étais l'élue de son cœur. Ce bonheur vif, intense, j'ignorais alors qu'il conduirait à une peine aussi vive et peut-être plus intense lorsque, après une dispute autour d'un jeu de billes, l'amie chérie a décrété : « T'es pas mon amie, je te parlerai plus jamais. »

Je n'imaginais pas alors que cette première histoire d'amitié se répéterait tout au long de ma vie. Car les amitiés féminines se vivent dans l'intensité, le plaisir, l'attachement, l'intimité, mais aussi dans la jalousie, la compétition, la méchanceté, voire la trahison. On trouve dans l'amitié un refuge au moment des déceptions amoureuses où il est de bon ton d'accabler les hommes. Mais on éprouve un malaise à admettre les blessures que nous causent les amies.

La solidarité des femmes, si louangée de nos jours, donne à penser que l'amitié féminine est au-dessus des déchirements passionnels. Faux. L'amitié, comme la passion amoureuse, est une histoire d'affrontements et de ruptures mal vécues. Et pourtant, chacune de nous est convaincue qu'elle est le rempart à toutes les intempéries conjugales et familiales. Ceci dit, sans leurs amies, les femmes ne connaîtraient ni les plaisirs complices des confidences intimes, ni ces fous rires contagieux si libérateurs, ni les conversations aussi idiotes que réjouissantes, et avant tout ce sentiment de découvrir à travers l'autre sa propre image par effet de miroir.

Nos chères amies...

À notre époque de séparations et de divorces, l'amitié apparaît comme un rempart à tous les tremblements de cœur. L'amitié demeure comme un havre de paix pour toutes ces femmes condamnées à une solitude plus subie que souhaitée. Les joies que procurent les amies soulagent et atténuent la souffrance de la rupture du couple, l'éloignement des enfants, les conflits au travail et la déperson-nalisation dans notre société de l'indifférence générale. Quand s'écroule l'amitié dans la vie d'une femme fragilisée par des malheurs, où trouve-t-elle le réconfort et l'énergie pour envisager l'avenir ? La vie actuelle a tendance à disposer de l'amitié comme de l'amour, c'est-à-dire par le zapping. Plusieurs plongent ainsi dans le désarroi et se mettent à douter de ce lien qu'on croit tissé pour l'éternité.

Les amies d'enfance

Il est rare de parvenir à l'âge adulte en ayant conservé ses amies d'enfance. Pourtant, ces premières petites filles avec lesquelles on a partagé nos secrets appartiennent à nos souvenirs les plus intimes, à cette histoire émotionnelle qui nous a constituées. Si les garçons deviennent amis en jouant entre eux, les filles se choisissent en se confiant l'une à l'autre. Ces confidences que les femmes érigent en secrets d'État tout au long de leur vie cimentent l'amitié plus fortement que toutes les activités partagées ensemble.

À quatre ou cinq ans, les fillettes vivent déjà l'amitié avec des exigences d'exclusivité. Elles parlent alors de leur «grande amie», cette « meilleure amie » dont elles multiplieront les exemplaires à l'âge adulte où l'on a compris que l'amitié se conjuguait au pluriel. Mais, dans la petite enfance, l'amie ne se partage pas. « T'es mon amie » veut dire : « Je n'ai que toi et je ne supporterais pas que d'autres soient dans ta vie. » À vrai dire, il y a dans l'amitié féminine une nostalgie de cette première relation auréolée de promesses de réciprocité. Celles que l'on qualifiera d'amies par la suite, on rêvera secrètement qu'elles nous soient exclusives. Peut-être par soupçon que cette part de nous-mêmes qu'on leur confie en toute vulnérabilité, elles la relaient à leur tour (« Je ne le dis qu'à toi » est la phrase-clé), à d'autres amies aussi intimes. Ainsi les secrets d'une amie sont partagés à travers une chaîne amicale dont on ne connaîtra jamais les ramifications. C'est sans doute un aspect de la solidarité féminine dont on méconnaît le pouvoir souterrain.

Je me rappelle, comme si c'était hier, le

sentiment de trahison que j'ai ressenti lorsque, après m'avoir exclue de son amitié, la petite voisine s'en fut raconter à toute la rue que j'avais fait pipi sur le trottoir en jouant à la cachette, trop excitée pour attendre d'être rendue à la toilette. À la trahison s'ajouta donc la honte. J'étais devenue l'objet de dérision de tous les enfants du voisinage. La seule vengeance à ma portée fut de me lier avec une terreur de six ans qui détestait mon ex-amie, allez savoir pourquoi, et qui décida de le lui faire savoir en lui tirant la natte qu'elle portait jusqu'à la taille avec une force décuplée par son affection pour moi. Je n'en exigeais pas tant et, à mon grand soulagement, elle déménagea quelques mois plus tard non sans m'avoir fait jurer de ne jamais l'oublier. C'est maintenant chose faite.

Dans le passé, la perte d'une petite amie, aussi blessante fût-elle, ne plongeait pas dans les angoisses que l'on constate actuellement chez les enfants de toutes les ruptures. Dans un documentaire sur le bonheur que j'ai réalisé pour la télévision canadienne, nous demandions aux enfants de définir ce qu'était le bonheur pour eux. Les garçons furent nombreux à répondre « mes amis » au pluriel alors que les filles, spontanément, répondaient « mon amie Clara », ou « mon amie Raphaëlle », ou bien « mon amie Maud ». Quoi de plus normal puisque chacune confie à une seule ce qu'elle croit être inavouable à toutes les autres, à la condition bien sûr que ces confidences soient dans les deux sens. « Je te dis mes secrets mais tu me dis les tiens. » L'amitié est un partage sentimental exigeant où les petites filles apprennent à se connaître elles-mêmes, tout en évaluant leur capacité de séduire et d'être séduites, qualités qui serviront plus tard avec les hommes, évidemment.

On sourit toujours devant deux gamines de huit ou neuf ans qui parlent des heures en ayant l'air si absorbées par leurs échanges. Déjà, à cet âge, les petites filles mystifient leur entourage de sorte qu'elles en oublient le monde environnant. Que peuvent-elles bien se dire ? Pourquoi se comportent-elles avec tant de mystère qu'elles sentent le besoin de changer immédiatement de conversation ou de se taire quand on s'approche d'elles ? Cette nécessité de donner le sentiment d'exclure les tiers, preuve de leur attachement mutuel, caractérise aussi l'amitié féminine. Comme si la qualité du lien dépendait de l'image d'exclusivité qui s'en dégage. Les petites filles, et cela se poursuit parfois à l'âge adulte, aiment susciter l'envie. Je me souviendrai toujours du regard triomphant d'une Chloé de onze ans, accompagnée de son amie Ève, débarquant en trombe dans le salon de sa tante, mon amie, pour nous annoncer fièrement que Charlotte, sa cousine, pleurait à chaudes larmes, réfugiée dans sa chambre. « Elle est jalouse parce qu'on est trop amies », déclara Chloé. N'était-ce pas là la preuve irréfutable de la force de l'amitié des deux fillettes ? N'était-ce pas le gage le plus précieux que pouvait offrir Chloé à Ève ? Quinze ans plus tard, ces deux-là sont toujours amies, ce qui demeure exceptionnel car les amitiés enfantines survivent rarement à l'éloignement, aux choix de vie et à l'évolution psychologique des unes et des autres.

Les petites filles sont confrontées de plus en plus tôt à une constante dans la vie des femmes, à savoir la compétition face aux mâles. Elles pratiquent sans remords ce vieux sport féminin de se voler les amoureux. À sept ans, Véronique est revenue de l'école en rage. « J'suis déprimée, a-t-elle dit à sa mère. Je pensais qu'Amélie était mon amie. Elle savait que je voulais que Philippe devienne mon amoureux et elle lui a demandé quand même d'être son amoureux à elle. C'est fini entre nous. Et pour la vie. »

Cette mascarade du comportement adulte s'explique par l'hypersexualisation des filles, qui troquent leurs poupées contre des amoureux souvent effrayés de leurs avances frontales. Cette chasse à l'homme précoce parasite l'amitié entre filles, mais la renforce aussi en leur donnant l'initiative du combat et de l'entraide pour le faire céder à leurs charmes.

Les petites filles comprennent vite les bienfaits de la confidence, et leur attachement affectif est à la mesure de leur capacité à aimer. Elles s'aiment et se l'avouent souvent car, contrairement aux garçons, elles n'ont pas peur de mettre en mots les sentiments et de les exprimer par des gestes. Les filles se touchent, se cajolent, ce que fuient comme la peste les garçons entre eux. L'émotion demeure leur territoire, l'aveu, leur mode de communication. « Que fais-tu avec Marie cet après-midi ? » demandera la mère à sa fille de dix ans. « On va parler », répond l'enfant, un sourire aux lèvres. Parler de tout, avec gravité, parler de rien avec autant de gravité, les filles savent le faire à tout âge.

Je garde en mémoire, comme si c'était hier, ces conversations interminables avec Andrée, ma meilleure amie de l'époque. Assise sur les marches du perron de sa maison, j'ai reçu à neuf ans mon premier cours d'initiation sexuelle. Andrée lisait les ouvrages cachés au fond de la bibliothèque de ses parents, des traités de physiologie à vrai dire. Le dictionnaire à la main, nous cherchions ensemble le sens des mots qu'elle avait inscrits sur une feuille. Des mots aussi inconnus qu'interdits. Émue et inquiète, je l'écoutais « m'expliquer la vie », c'était son expression. Elle parlait de menstruations, « de bébés qui naissent en sortant du ventre de la mère, par là où on a toutes une petite porte qui s'étire

22

quand on pousse ». Plus déniaisée que moi, elle me décrivait ces choses sans que je m'affole, attentive à mes réactions, atténuant les effets possibles de ces révélations sur moi. Pédagogue hors pair, elle demandait : « Je peux continuer à t'expliquer ? Dis-le-moi si ça t'énerve. » C'est grâce à elle que mon corps m'est apparu moins menaçant que ce que laissait entendre la société catholique moralisatrice et bornée dans laquelle je vivais. J'ai aimé Andrée avec reconnaissance. Elle m'impressionnait. Notre amitié a marqué ma vie adulte.

Contrairement à ce qu'on répète, les angoisses concernant la sexualité n'ont pas quitté les enfants. L'hypermédiatisation du sexe ne tient pas lieu d'éducation sexuelle, et le langage cru qu'ils emploient souvent ne renvoie à rien d'autre qu'à singer les « grands ».

L'amitié féminine se nourrit d'échanges intenses et de surenchères. Les petites filles aiment à se décrire leurs émois amoureux.

Pour les faire exister, pour les amplifier, pour les comprendre et pour les faire approuver. Leurs chagrins, de vraies douleurs parfois, c'est auprès de leurs amies qu'elles les mettent en mots, les analysent, qu'elles veulent les comparer avec ceux des autres. Les femmes, contrairement aux hommes à cet égard, recherchent à travers leurs amies les empreintes de leur propre intimité. D'instinct, en amitié, les petites filles expriment ce besoin.

Au seuil de l'adolescence, l'amitié prend une telle importance qu'il est fréquent de voir des enfants effondrés à l'idée de changer de lieu et d'école à cause de décisions familiales. La peur de perdre ses amis devient aussi présente que la crainte inavouée de tant d'enfants de voir leurs parents se séparer. Il est malheureux qu'aux yeux de nombre d'adultes cette peur de se séparer de ses amis apparaisse comme un caprice enfantin. « Tu vas te faire de nouveaux amis », disent les parents. Mais l'enfant ne le croit pas. La petite fille qui s'est confiée à son amie, qui lui a raconté ses secrets, ses rêves, qui a inventé de petits mensonges pour enjoliver ou noircir certaines réalités afin de se donner le beau rôle ou de se faire plaindre, cette enfant sait très bien que ça ne sera jamais plus pareil avec une autre. Les petites filles ont besoin de dramatiser leurs relations, ayant une conscience aiguë de la singularité de l'attachement qu'elles portent à l'élue de leur cœur.

En grandissant, les filles apprennent à spécialiser leurs amitiés. Elles aiment proclamer avoir plusieurs amies. C'est une preuve de leur popularité. Plus on a d'amies, plus on en attire, plus s'accroît notre importance sociale. Ce message relayé par les médias fait des ravages. On ne parle plus désormais de ses amies mais de ses « copines ». C'est à cet âge que la confidentialité devient l'élément essentiel des relations amicales. Sans confidentialité, comment avouer son intérêt pour un garçon, comment oser confesser ses premières expériences sexuelles, comment raconter les secrets plus ou moins lourds de sa famille, comment s'inventer une vie qu'on n'a pas et que de proches témoins gênants pourraient contester ? N'est-ce pas l'âge de toutes les vérités et de toutes les vantardises ? L'âge où on découvre en même temps la solidarité et la trahison, ce poison mortel duquel aucune femme n'est à l'abri ?

Des amitiés nouées à l'adolescence, quelques-unes réussissent à traverser nos vies d'adultes. Durant cette période si épuisante sur le plan émotionnel où les rêves et les espoirs s'écroulent et renaissent entre l'aube et le crépuscule, les amies deviennent des ports d'attache ou des zones de dérive. L'amitié peut se transformer en passion et même en idolâtrie. Refuge et tremplin, on y fait l'apprentissage de toutes les émotions qui nous attendent plus tard. Sans Félicia, je n'aurais pas pu échapper aux tourments familiaux. J'ai rêvé avec elle qui croyait tant à la vie, j'ai vécu dans sa famille une vie parallèle à la mienne, une vie où on chantait au lieu de crier, où on buvait du vin sans se soûler, où on mangeait par plaisir attablé durant des heures, j'ai été comprise sans avoir à rien expliquer, j'ai été accueillie à bras ouverts et j'ai ri jusqu'à en pleurer sans jamais pleurer de tristesse. Nous reprenons contact tous les deux ou trois ans et le miracle se reproduit. Nous avons toujours quinze ans comme si ni les années ni nos vies différentes n'existaient. Cette amitié est notre territoire personnel et notre chronologie commune, rien ne peut l'abolir, et surtout pas le temps.

Viennent les amitiés passagères, les engouements subits. On partage une même passion pour un chanteur, une star de cinéma, on retrouve ses propres ambitions personnelles chez l'autre qu'on estime avoir une vie plus excitante et audacieuse. Elles sont nombreuses, les filles attirées par celles qui n'ont pas froid aux yeux, prennent des risques, jouent les affranchies. Des filles sages s'acoquinent quelques semaines ou quelques mois avec des sulfureuses qui en rajoutent dans la provocation pour éblouir leurs camarades. Ces amitiés-là où se mêlent l'admiration, la fascination, la crainte développent aussi la personnalité.

Vers treize ans, j'ai passé un été en compagnie de Claire, une audacieuse qui m'entraînait sur un viaduc de chemin de fer; on s'installait tout près des rails et au passage du train on défiait la peur panique créée par les secousses terribles du pont et le bruit infernal des wagons qui défilaient à moins d'un mètre de nous. En sa compagnie, j'ai escaladé des rochers, grimpé sur des poutres au-dessus du

vide dans des maisons en construction le soir
quand les ouvriers avaient quitté les lieux, j'ai
fréquenté de vrais voyous, des vieux de quinze
ou seize ans qui se vantaient de voler de la
bière dans les épiceries. C'est avec elle que j'ai
fumé pour la première fois tout un paquet de
cigarettes, pour ensuite vomir mes tripes, au
point que je n'ai jamais fumé par la suite.
Grâce à elle, j'ai expérimenté mes limites face
au danger physique. Cette Claire, je l'ai aimée
passionnément. J'étais éblouie par son assu-
rance joyeuse, son mépris des conformismes,
son culte du secret. Notre amitié se vivait à
travers nos expéditions clandestines. Elle
m'avait choisie comme compagne des mauvais
coups et j'étais attirée par sa façon de traduire
en actes mon propre désir de vagabondage et
de douce délinquance. Notre amitié a survécu
à l'été car nous étions en classe ensemble.
Mais Claire, plus précoce que moi en matière
de garçons, s'est un jour amourachée d'un
blondinet aux yeux verts, qui lui a permis de

connaître d'autres sensations que celles qu'on partageait sur le viaduc. J'ai découvert alors ce que toutes les femmes avaient connu avant moi et continueront de connaître, c'est-à-dire les perturbations qu'entraîne l'arrivée du mâle dans une relation d'amitié entre filles. Claire, attentionnée, a voulu m'inclure dans son nouveau couple, le poupin nous accompagna même au viaduc brisant du coup notre connivence secrète. Désormais, je me retrouvais en face de ces amoureux, mi-chaperon, mi-spectatrice de leurs émois, renvoyée à ma condition de fille solitaire. Claire, pour me rassurer, me répétait que j'étais sa vraie amie, à la récréation elle cherchait ma présence mais elle avait changé à mes yeux. Elle m'apparaissait moins audacieuse, moins unique aussi. Elle ne me parlait plus que de son amoureux, semblant avoir perdu la mémoire de nos exploits passés. Elle était transformée. J'ai eu l'occasion de vivre des situations similaires par la suite, avec ce même sentiment de gêne et d'abandon, tant les femmes ont de la difficulté à concilier leurs amitiés et la présence d'un homme dans leur vie, même quand elles ne veulent perdre ni l'une ni l'autre.

À l'adolescence, l'amitié me rendait frénétique. La grande amie avec laquelle je partageais des goûts subits, les copines qui me flattaient, celles avec lesquelles je parlais à cœur ouvert, tout ça ne suffisait pas à combler ma rage insatiable de vivre. Je recherchais mon double mais aussi mon contraire. J'apprenais le plaisir de donner à l'une ce que je me refusais à donner à une autre. Et je me lassais de celle qui ne me semblait pas évoluer selon mon rythme et ma conception changeante des réalités qui m'entouraient. C'était l'époque des coups de cœur amicaux mais aussi des amitiés intéressées. Je me suis rapprochée de la sœur d'un garçon sur lequel j'avais jeté mon dévolu, j'ai fait semblant d'être l'amie d'une amie à la demande de cette dernière et j'ai qualifié d'amie une fille que j'estimais digne de recevoir des aveux qui me délivraient de mes angoisses existentielles. L'adolescence, par la force des choses, est l'âge des premières vraies déceptions. Les filles diront d'une telle : « Je ne la vois plus parce qu'elle a trop changé », alors que c'est elles qui changent du matin au soir.

L'amitié à cet âge se vit en osmose, en fusion. On se voit, on se parle, on est en communication permanente. Conversations téléphoniques interminables, SMS pendant les cours, bavardages sur internet. Mais les amies très proches sont celles qu'on a besoin de voir car l'amitié se nourrit de la présence physique. À deux avant tout puisque l'amitié comme l'amour est une affaire de couple. Revendiquer trois amies, c'est vivre trois histoires parallèles. À vrai dire, l'amitié est rarement triangulaire.

Et quel plaisir que ces tête-à-tête où, débarrassée de sa pudeur, on avoue ses faiblesses, on confesse qu'on se trouve moche ou grosse ou anxieuse et où l'amie nous rassure, nous donne des conseils sur le bon maquillage, la coiffure tendance, les vêtements in, si sacrés à cet âge. À seize ans, une amie m'a aidée à me métamorphoser physiquement. J'admirais son talent pour se dessiner les yeux, je lui enviais son flair pour choisir un vêtement et j'essayais en vain de me coiffer comme elle. J'entretenais notre amitié pour devenir comme elle. Elle a changé de ville et durant plusieurs mois, je ne savais plus quelle coupe de cheveux adopter, quel rouge à lèvres acheter, quelle longueur de jupe porter. Je me sentais orpheline de son jugement.

À l'adolescence, on souhaite d'abord être écoutée et comprise. Et on prend plaisir à

émettre des critiques aussi injustes que péné-
trantes sur les parents, l'entourage, les adultes
en général. Les grandes amies créent leur
propre vocabulaire, s'inventent des mots à
elles, et ce langage codé ajoute une dimension
joyeuse à l'intimité. Les amies se jouent des
autres et comme les amoureux se sentent
seules au monde et heureuses de l'être. C'est
l'âge où les filles doutent moins de leurs amies
que d'elles-mêmes et ce qu'elles cherchent à
travers elles, c'est à se comprendre. Elles
ignorent encore que bientôt elles auront à
faire le compte des amitiés qui auront survécu
à cet âge ingrat, qu'on quitte sans regret.

Le féminisme, en remettant en question les
rapports hommes-femmes, a du même coup
revalorisé l'amitié. Il l'a magnifiée en lui
donnant une dimension politique. « Femmes
de tous les pays, unissez-vous. » Ce slogan
contient l'espérance d'un monde meilleur,

celui des femmes totalement libérées des inégalités et qui, sans les hommes ou malgré eux, établiront un ordre plus juste. Il y a trente ans, les amies étaient celles qui luttaient pour l'égalité et la contraception dans une exaltation collective qui a disparu. Désormais, les filles pour qui ces combats appartiennent au passé cherchent des amies loyales, fidèles, complices, qui les rassurent face à un monde incertain dans lequel leurs parents se séparent, quand ce ne sont pas leurs grands-parents qui décident de refaire leur vie au prétexte que la retraite est l'âge de toutes les libertés. Les jeunes filles sont à la fois inquiètes de leur avenir et de celui de la planète. Elles se sentent au cœur d'une tourmente ayant déjà l'expérience des abandons, des incertitudes, des bonheurs éphémères. Les amies sont le paratonnerre des jours difficiles qui s'annoncent et la bulle d'affection où elles se replient.

Des amies pour tous les âges

Je n'ai jamais rencontré de femmes qui se vantaient de ne pas avoir d'amies ou de ne pas croire en l'amitié. Pourtant, j'ai croisé nombre de femmes qui pour des raisons diverses ne croyaient plus en l'amour. D'où je déduis que nous avons de l'amitié une conception plus ambitieuse et moins désabusée que celle que l'on a de l'amour. De là l'importance grandissante de l'amitié à notre époque. « J'ai eu une jeunesse très malheureuse », estime Diane que le travail de son père obligeait à des déménagements fréquents, si bien qu'elle a traversé l'enfance sans jamais réussir à établir des amitiés durables avec les fillettes de son âge. À cinquante ans, elle avoue avoir eu de la difficulté toute sa vie d'adulte à se lier d'amitié. « Je n'ai pas la manière, il me semble. J'ai le sentiment d'avoir raté une partie de ma vie. »

L'amitié entre femmes a toujours fasciné les hommes, pour qui elle demeure aussi mystérieuse et enviable que menaçante. Cela expliquerait que des femmes aveuglément amoureuses d'hommes possessifs consentent à écarter leurs amies de leur vie de couple. Il faut dire que nous enveloppons nos amitiés dans une aura digne de celle dont s'entourent les membres d'une secte. Comme si ces liens affectueux pouvaient nous protéger des malheurs de la vie. Car nous naissons avec la crainte au cœur d'être trahies par les hommes que nous aimerons. L'amitié apparaît, dans ce contexte, comme une espèce d'assurance-vie, un terrain affectif à l'abri des hommes, mais aussi des problèmes familiaux, des rapports difficiles avec une mère trop possessive, une sœur jalouse ou bien un père irresponsable. L'amie rêvée, c'est l'ange gardien à qui on a recours quand ça va mal et si on ne veut pas que ça se sache autour de nous.

Sans amies, on se prive de points de repère précieux pour se permettre de relativiser ses expériences. Les confidences partagées aident à dédramatiser car dramatiser est une tendance lourde, dans laquelle nous nous complaisons souvent. Combien de fois nos amies disent : « T'exagères ! » Par conviction, la plupart du temps, mais aussi pour atténuer l'inquiétude qu'on suscite chez elles. S'apaiser mutuellement est donc un des aspects de la relation d'amitié. Si nous n'avions pas eu d'amie, nous sommes nombreuses à croire qu'on n'aurait pu traverser certaines épreuves sans conséquences graves sur notre équilibre personnel. Nous savons que ni notre compagnon de vie, ni les membres de notre famille, ni même des professionnels ne nous auraient secourues avec autant de compassion et d'affection. Il existe dans l'amitié féminine une dimension maternelle indéniable, l'amie jouant le rôle qu'on aurait souhaité de sa propre mère ou celui que cette dernière ne peut plus jouer une fois disparue.

Cette forme d'amitié maternante, mon amie Lucie l'a recherchée à tous les âges de sa vie. Parmi ses quelques amies, il y en a toujours eu une chez qui elle s'est réfugiée. La maison de Françoise lui a, de tout temps, servi de port d'attache, de cantine et de refuge. Elle y passe la nuit quand son mari s'absente pour des raisons professionnelles par peur de rester seule dans l'appartement. Elle s'épanche sur l'épaule de cette amie nourricière et pourvoyeuse quand sa vie de battante la plonge dans des angoisses aussi subites qu'inexplicables. C'est là aussi qu'elle est assurée de trouver, grâce aux enfants, la famille qu'elle n'a pu avoir. C'est aussi dans cette maison vivante et enjouée qu'elle devient frivole et légère auprès de cette amie incomparable pour qui la vie est un tonitruant éclat de rire. Sans cette amitié, cette femme de carrière et de combat n'aurait pas connu le repos de la guerrière. En échange de quoi, l'amitié supposant la réciprocité, cette femme aux qualités intellectuelles reconnues a su combler son amie des bienfaits de son intelligence et de quelques retombées du pouvoir qu'elle exerçait. Mais, avant tout, Lucie a apporté à son amie le sentiment profond et réel d'avoir besoin de sa présence, Françoise ne trouvant son bonheur qu'en faisant don de sa personne.

Les femmes réagissent diversement avec leurs amies proches. Certaines se comportent de façon possessive en ayant du mal à les partager avec d'autres. J'ai une amie de longue date qui supporte difficilement mes autres amitiés. Cela s'exprime de façons particulières et pas toujours subtiles. Quand il m'est impossible de la voir, elle ne peut se retenir de poser la question : « Qui vois-tu de plus important que moi ? », et elle éclate de rire, mais d'un rire où il est facile de détecter derrière la déception un petit pincement de jalousie qu'elle n'avouerait pas. Quelques jours plus tard, il lui arrivera au cours d'une de nos nombreuses conversations téléphoniques de me lancer tout de go : « Ce soir, je dîne avec Élizabeth et Marianne. Je sais qu'elles t'ennuient alors je ne t'ai pas invitée. » Ce à quoi je réponds toujours en gardant mon sérieux : « T'as bien fait. Je te remercie. » Elle, si prompte à réagir, ne relève jamais l'ironie de la remarque. Dans l'amitié comme dans l'amour, on se doit d'accepter les faiblesses de l'autre, dans ce cas-ci le besoin maladif de vouloir à la manière d'un enfant l'exclusivité de mon affection. Pour maintenir le lien avec elle, je dois ignorer cette fâcheuse propension à se sentir abandonnée dès qu'il est question de mes autres amies. Cette femme à la vie amoureuse aléa-

toire, à l'humeur en dents de scie, à la légèreté trompeuse, à qui l'on raccroche au nez
dans ses mauvais jours où elle se transforme
en peste acariâtre, pratique la loyauté comme
pas une. Son angoisse, manifeste, elle en
parle sans détour, « Je suis une carencée affective », répète-t-elle avec humour, mettant à nu
une fragilité qui nous attache à elle. Sans ses
amies, on devine qu'elle pourrait sombrer.
« Je suis prête à faire toutes les concessions
pour garder mes amies. À mon âge (c'est une
quinquagénaire) je n'ai plus les moyens d'en
perdre », déclare-t-elle dès qu'on lui fait
reproche de son sale caractère.

Autour de trente ans, alors que beaucoup
de femmes vivent en couple et donnent nais-
sance aux enfants, le cumul des tâches rétrécit
le temps accordé à l'amitié. La superwoman,
mère, épouse et femme au travail, voit se
réduire les occasions de fréquenter ses amies,

surtout celles qui n'appartiennent pas au cercle restreint dans lequel elle évolue. C'est une période d'amitiés de circonstance. On devient amie de collègues avec lesquelles on a de vrais échanges mais qu'on fréquente rarement dans sa vie privée, on se retrouve plutôt en couple ou entre parents dont les enfants sont liés et on néglige, avec la conscience d'un vide, les tête-à-tête entre vieilles amies où le temps ne compte pas. On vit l'intimité d'abord à l'intérieur de son couple, une intimité arrachée aux horaires infernaux de la vie moderne. Puis, survient un petit drame, des problèmes avec le mari, et les grandes amies reprennent leur rôle central. C'est auprès d'elles spontanément qu'on se réfugie pour s'épancher et chercher conseil. Vivre en couple pour une femme, c'est vivre avec l'homme qu'on a choisi jusqu'au moment où ce dernier, par ses comportements décrétés inacceptables, se retrouve l'objet d'évaluations du cercle amical féminin. L'homme croit se confier à sa femme, mais ignore qu'en cas de crise conjugale ce sont ses amies qui l'évalueront à travers le prisme de leur solidarité. C'est toujours étrange de retrouver le soir un couple dont la femme nous a raconté l'après-midi même que son mari a une maîtresse.

Cela expliquerait que les hommes contrôlants et possessifs se méfient des amies de leur femme jusqu'à lui interdire de fréquenter certaines, celles dont ils soupçonnent l'influence trop déterminante. Ces hommes-là intuitionnent la force du clan des femmes. J'ai vécu cette situation il y a quelques années. Une amie proche s'est séparée de son mari, et celui-ci croit toujours que je suis responsable de l'échec de leur mariage. C'est plus facile pour lui de me blâmer que de s'interroger sur les raisons qui ont amené sa femme à le quitter après vingt-cinq ans de vie commune. Il n'est pas le seul à craindre l'influence d'autres femmes trop libérées à son goût. Et il n'a pas tout à fait tort, il faut l'avouer.

Les femmes ont besoin de tisser de nouvelles amitiés à tout âge. Elles choisissent le plus souvent des amies qui ont vécu des expériences semblables. Une femme à la vie amoureuse en montagnes russes, sans enfant, qui se rit de la fidélité, éloignera la plupart de celles qui vivent en couple, car elle sera perçue comme une menace pour celles qui rêvent de permanence dans leur vie amoureuse. Par contre, elle attirera celles qui ressentent le besoin de prendre une distance vis-à-vis de leur compagnon. Dans la trentaine, les femmes recherchent avant tout des amies avec qui partager toutes les difficultés quotidiennes, la multiplicité des tâches, la course éperdue pour tout assurer. On fréquente des femmes qui vivent en couple et on fuit celles qui se séparent et tiennent souvent sur les

hommes des propos accablants marqués par
la dérision, la déception ou le dépit. Les
amies célibataires sont écartées au profit de
relations plus éloignées, mais plus conformes.
À vrai dire, à trente ans, les jeunes femmes
sont plus solidaires de leur propre famille que
des femmes en général, et de leurs amies en
particulier. C'est l'âge où le discours féministe leur est de peu de secours. Comment
concilier la maternité et le travail sans se
sentir coupable ? Le féminisme est muet sur
ce qui apparaît aux yeux des jeunes femmes
comme une contradiction. C'est donc entre
nouvelles mères, confrontées aux mêmes problèmes, qu'elles se permettront de douter, de
se laisser aller à des découragements épiso-
diques et de s'épancher sans avoir le sentiment de trahir leur famille. Ces amitiés
supposent moins de compromis et de concessions. Ce sont des amitiés moins passionnelles et certaines ne survivront pas quand la

femme retrouvera une liberté affranchie des contraintes liées au petit âge des enfants.

Les femmes à la recherche, pour ne pas dire en chasse, d'un partenaire créent, elles, des liens d'amitié plus étroits, d'autant plus si le célibat leur pèse et que leurs amies vivant en couple les tiennent à distance. Ces amitiés-là, intenses, exigeantes, sont l'antidote à la solitude et développent l'estime de soi. Entre amies, on se complimente, on se valorise, on se console. « Tu mérites mieux que ça », dira l'amie à celle qu'un homme a abandonnée ou ignorée. « Tu es belle, tu es intelligente, tu es forte. C'est un con de ne pas s'en rendre compte. Il ne te mérite pas. » La solidarité est spontanée, l'amitié active. Elles voyagent ensemble, dînent ensemble au restaurant, se reçoivent régulièrement. Ces femmes partagent tout, même les « candidats » susceptibles de s'installer dans leur vie. Ces derniers seraient bien troublés s'ils savaient à quel point leurs comportements sont disséqués, analysés, comparés et jugés par les amies de celle qu'ils croient courtiser, ne serait-ce qu'un soir. Les trentenaires célibataires qui ont perdu quelques illusions sentimentales ou ont connu une grande peine d'amour s'investissent dans l'amitié sans compter. Hélas, ces amitiés-là risquent de devenir moins précieuses quand un homme, le Bon, comme on le désigne, s'installe dans leur lit, leur cœur et éventuellement leur appartement. Les liens amicaux tissés à cet âge, critique pour l'horloge biologique, subissent l'épreuve du feu, car ils doivent se maintenir en dépit de l'éloignement, inévitable dans un premier temps, de la nouvelle amoureuse. Si les liens perdurent, l'amitié a de bonnes chances de se poursuivre pour la vie.

La conscience de l'âge nous atteint plus rapidement que les hommes, c'est pour cela que nos amitiés s'approfondissent et se solidifient à quarante ans passés. C'est une période troublante où le corps subit des changements irréversibles (et ce malgré toutes les illusions entretenues par les ersatz botoxo-chirurgico-esthétiques), le temps où on s'interroge sur l'avenir. Les enfants ont grandi, quittent la maison, et survient souvent une crise conjugale suivie parfois d'une séparation ou d'un divorce. Les femmes mettent en berne leur désir de maternité et quoi qu'on en dise, bien ou mal dosée avec les précieuses hormones, la ménopause nous rattrape et nous perturbe. On se sent belles, on maintient la forme, la maturité nous épanouit mais on a chaud! On sent qu'on franchit un cap. On accuse le coup avec plus ou moins d'angoisse et on s'entoure d'amies dans le même cas pour analyser nos émotions, se réfléchir dans le miroir de l'autre et se consoler mutuellement à l'idée de devenir quinquagénaires.

À cinquante ans, dépouillées de nos pudeurs encombrantes, affranchies des contraintes

liées à nos ambitions personnelles et professionnelles, heureuses ou malheureuses, on a
besoin de rire. De rire des autres, de rire de
nous-mêmes, de rire ensemble. Pour plusieurs, c'est l'âge où l'amitié prend le pas sur
le rêve du prince charmant. On est amoureuse ou non, on espère un homme ou plusieurs ou pas du tout, et l'amitié devient un
mode de vie. On recherche aussi des amies
plus jeunes, différentes de soi, des amies pour
nous contredire, nous secouer, nous ouvrir de
nouveaux horizons, des amies pour nous
dépayser, pour nous renvoyer une autre
image que celle qu'on a savamment entrete-
nue. À travers nos amitiés, on désire changer
de peau en quelque sorte. Les dociles se transforment en rebelles, les discrètes s'affirment,
les précautionneuses manifestent des audaces
qui les étonnent elles-mêmes. Les amies rede-
viennent omniprésentes comme à l'adolescence mais l'amitié est nourrie de la somme
des expériences de chacune de nos vies. Les

amies avec lesquelles on a traversé les épreuves du temps appartiennent à notre histoire, notre mémoire, et l'avenir nous paraît moins inquiétant.

L'amitié entre vieilles dames est sans doute le phénomène le plus nouveau et le plus dérangeant, du moins pour ceux qui aiment étiqueter les gens. Celles qui ont plus de soixante-quinze ans ont été éduquées de façon traditionnelle, et leurs amitiés se sont développées à l'ancienne manière bien souvent. L'espérance de vie leur étant favorable, celles qui se retrouvent seules, n'escomptant guère sur leurs enfants pour les divertir, reportent leur affection sur leurs vieilles amies d'enfance mais souvent aussi sur de nouvelles amies. Elles y puisent des regains d'énergie. Le féminisme ayant déteint sur elles, il faut tendre l'oreille et les écouter parler de leur mari qu'elles ont aimé, mais aussi servi et subi.

Certaines se transforment en vieilles dames indignes, voulant profiter d'une liberté dont elles n'auraient pas rêvé. Si elles ont la chance d'être à l'abri de la maladie, elles s'investissent dans leurs relations. Ensemble, elles voyagent, se visitent, font du sport, militent dans des associations. Délivrées de leurs passions d'antan, il n'y a plus d'hommes pour les diviser, plus de contraintes professionnelles pour les distraire, plus d'envie de compétition pour les antagoniser. Elles s'inquiètent les unes des autres, se téléphonent, se soutiennent mutuellement pour affronter ce qu'elles savent inévitable. Elles se sentent davantage d'affinités entre elles qu'avec leurs enfants, peuvent se confier sans craindre des reproches et sans provoquer des inquiétudes inutiles. Ces amitiés-là se vivent souvent dans l'impudeur attachée au vieil âge. Elles n'ont plus rien à cacher, rien à prouver. Elles savent minimiser les remarques blessantes, les propos à saveur polémique, sachant qu'on ne perd pas ses amies à cet âge pour une divergence politique ou une parole de trop. Quand il leur arrive de se disputer, elles prétextent parfois leur mémoire chancelante pour oublier l'incident afin de maintenir les liens. Les femmes de cet âge se sont rapprochées à travers le veuvage ou un divorce mais celles dont les maris vivent encore s'éloignent rarement d'elles, conscientes du fait qu'elles ont de bonnes chances d'enterrer leurs maris et de se retrouver aussi seules à brève échéance.

Dans le vieil âge, les femmes entretiennent leurs amitiés avec précaution. Mais plusieurs s'éloigneront sans regret de celles dont le discours tourne entièrement autour de la maladie et de la mort. À la fin de la vie, les vieilles dames ne font plus aucune concession quand il s'agit de la mort. « On est amies pour vivre, pas pour attendre la mort ensemble », dit Françoise, une octogénaire qui s'est éloignée au cours des dernières années de quelques

anciennes amies qui radotaient sur les mala-
dies, les pilules à avaler et les activités à éviter.

Les vieilles amies s'encouragent et s'ad-
mirent. Elles ont traversé tant d'épreuves et
de petits bonheurs, elles ont connu l'adversité mais aussi les exaltations que procure la
conscience de s'être choisies un jour. Il arrive
donc que la perte d'une amie les ébranle
davantage que celle d'un mari qu'elles ont
fini par désamourer après l'avoir supporté en
silence.

Nous connaissons toutes des femmes qui
ont traversé leur vie sans amour. J'ai une amie
qui a consacré sa vie à s'occuper de sa mère
malade. Parfois, il lui arrive de s'épancher sur
sa vie sans homme. Avec regret mais sans
aucun dépit. Cette femme généreuse, affec-
tueuse et joyeuse s'est nourrie de ses amitiés
aussi diversifiées qu'authentiques. Grâce à
l'amitié elle a surmonté les déprimes causées

par la lourde responsabilité qu'elle avait décidé d'assumer. Sans ses amies, elle estime qu'elle serait devenue otage de sa décision première de se consacrer à sa mère. Le sentiment de la liberté lui est venu de ses amitiés.

Je ne connais en revanche aucune femme qui envisage la vie sans amies. Ça expliquerait que le mot « misanthrope » soit impossible à féminiser. Mais l'amitié féminine n'est pas pour autant une sinécure. Elle n'est pas à l'abri des passions qui caractérisent les relations entre hommes et femmes. Avouons qu'entre femmes on ne s'épargne guère. Dans l'amitié, on vit des hauts et des bas. « Je ne connais que des hauts avec mes amies », m'a dit une copine très politiquement correcte un jour. C'est une vision idyllique qui ne correspond pas à la réalité. L'amitié féminine oscille entre la noblesse du sentiment et la méchanceté des intentions. On sait d'autant plus se blesser qu'on use des mêmes armes : on possède ces talents de feindre, de mentir et de

Nos chères amies...

jouer la victime. L'amitié est fondamentale dans nos vies, et à cause de cela, elle peut nous faire terriblement souffrir et follement nous réjouir.

Des amies pour rire et pleurer

J'ai reçu en héritage des femmes de ma famille maternelle un cadeau précieux : le goût de rire. Mes tantes ont éclaté de rire tout au long de leur dure vie. Elles riaient des autres et aussi d'elles-mêmes. Le rire, elles le dégainaient comme une arme.

Entre elles, les femmes ont toujours aimé rire. Devant les hommes, c'est une autre histoire. Pour que leur humour ait droit de cité, il a fallu que les femmes se libèrent et prennent d'assaut l'espace public. Les dernières décennies ont été des années fastes en littérature avec ces romans de filles où la rigolade, la crudité de ton et le cynisme le disputaient à l'émotion. On a vu arriver aussi dans le showbusiness partout en Occident une génération de femmes humoristes qui ont joué un rôle de pionnières en cassant une certaine image de la féminité. Car une femme maniant l'humour a été longtemps perçue comme menaçante aux yeux des mâles. La féminité ancienne excluait ce talent spirituel de déconcerter voire même d'attaquer l'adversaire en usant de mots. En fait, les femmes drôles font souvent peur aux hommes peu sensibles à la qualité érotique du comique au féminin.

L'amitié entre femmes, c'est aussi rire de soi, rire de l'autre, rire de tout. Dans les séries télévisées *Sex in the City* ou *Desperate House-wives*, pour ne nommer que ces deux-là, tranches de vie au quotidien, le rire est sous-jacent ou omniprésent. Les femmes se rencontrent, se parlent, se disputent et se quittent rarement sans avoir ri. On rit pour ne pas pleurer, on rit pour désamorcer les petits drames, on rit pour attaquer, pour se défendre et évidemment on rit pour le plaisir. Et surtout, on rit en chœur. Toute ma vie, j'ai recherché des amies qui me faisaient rire, parfois sans le savoir, ce qui ajoute à la drôlerie, ou des amies que j'avais envie de voir rire. À vrai dire, j'ai eu des amies pour rire, pour pleurer et souvent les mêmes assumaient les deux rôles.

Il y a dans la nature de l'amitié une légèreté et une dimension ludique réinventée au gré des circonstances. Chaque femme associe chacune de ses amies à des événements drôles ou dramatiques qu'elles ont partagés, et la mémoire de ces moments uniques demeure, peu importe que l'amitié survive ou non aux disputes.

Durant une période de ma vie, j'ai organisé des rencontres d'une douzaine d'amies, des battantes, toutes intenses et follement hystériques. J'étais amie avec chacune et, par un trait féminin, je souhaitais qu'elles soient aussi

61

amies entre elles selon la formule consacrée : « Les amies de nos amies sont nos amies. » Nous nous réunissions de façon espacée mais régulière pour des soirées où tous nos drames personnels étaient anesthésiés dans un éclat de rire collectif autour d'une table trop garnie où était convoquée systématiquement la veuve Cliquot. Nous sortions de ces soirées si déridées que nous nous sentions à l'abri des malheurs du monde durant plusieurs jours.

Pour l'anniversaire de l'une d'entre elles, je décidai dans le plus grand secret de louer les services d'une troupe de majorettes que je dirigerais à titre de majorette en chef, ayant appris dans mon enfance le maniement du fameux bâton. La soirée se passait chez l'une des membres cooptées de notre cercle. Pendant le repas, je m'éclipsai sans attirer l'attention pour retrouver la trentaine de jeunes en uniforme dans un bus scolaire à quelques centaines de mètres de la résidence. J'enfilai jupette et chapeau poilu, et pris la tête du cortège dans lequel se faufilèrent nos maris exclus de la fête mais qui avaient dîné ensemble dans un des bons restaurants de la ville. Nous avons défilé dans les rues, tambour battant, jusqu'à la porte de la maison où les trompettes retentirent d'un air connu. Une seule amie avait été mise dans le secret et c'est elle qui souleva l'attention du clan bruyant sur cette musique extérieure. La bande se précipita sur le trottoir, et je faillis échapper mon bâton devant le regard tour à tour abasourdi, estomaqué, incrédule de celles qui m'avaient reconnue et qui croulaient de rire, poussant du coude d'autres trop ahuries pour reconnaître la majorette en chef mais qui découvraient leurs hommes en queue de cortège. Puis je m'avançai vers la reine de la fête, criai des ordres à la troupe et la fanfare retentit d'un de ses airs préférés. Cet épisode demeure encore un des moments d'amitié les plus forts de ma vie. Même si, de ce joyeux groupe, certaines ont rompu avec moi pour d'obscures raisons, avec pour conséquence que mes ex-amies que je ne vois plus fréquentent désormais des amies que je leur avais présentées. Malgré un pincement au cœur, j'estime que toutes ces femmes liées d'amitié grâce à mon initiative perpétuent à leur façon la relation qui me liait à elles. Je suis persuadée que cette soirée marquée par une fanfare demeure dans le cœur de chacune un souvenir indélébile et, en ce sens, l'amitié perdure à l'amitié perdue.

L'humour dédramatise, on le sait, les études l'ont prouvé, il existe des stages de rire pour libérer l'angoisse, mais rire avec ses amies a en plus le pouvoir de déculpabiliser et d'exorciser nos trop nombreux démons. Il y a plusieurs années, une amie marocaine m'a entraînée à Paris dans une soirée. «Tu vas rencontrer des femmes étonnantes», m'a-t-elle dit. Je savais que ces dernières étaient de grandes bourgeoises qui jouaient les soumises chez elles et qui à Paris, sans mari, frères ou fils pour les observer, se comportaient comme les plus affranchies des Occidentales. Il aura fallu une petite heure pour que la douzaine de femmes réunies qui ne se connaissaient pas toutes entre elles, se jaugent, s'évaluent afin d'être assurées de pouvoir en toute confiance s'exprimer sans censure. Suite à quoi, ni le protocole, ni les règles de bienséance, ni la rectitude politique ne survécurent. Il y avait là des femmes d'affaires, des avocates, des professeurs qui avaient traversé l'épreuve de la guerre, l'exil, les malheurs, les trahisons, les amours, les désamours. Aucune ne prétendait avoir le monopole de la souffrance. Aucune ne tentait d'en imposer aux autres, bien au contraire. Une Leila déchaînée donna le ton en obligeant chacune d'entre nous à tâter ses nouveaux seins récemment reconstruits par «le plus grand chirurgien de New York». C'était le cadeau d'anniversaire pour ses quarante ans (cinquante, m'a soufflé ma voisine) qu'elle s'était offert à elle-même à l'insu de son mari dont elle nous assura qu'il ne s'en rendrait jamais compte. Dans l'éclat de rire irrépressible qui suivit, ne connaissant pas l'époux, j'en déduisis qu'il était distrait ou avait perdu tout intérêt pour sa femme. Elle poursuivit sur le thème du désir masculin et des pénis en panne et la soirée fut à l'avenant. Il n'existait plus de classes sociales, de fossés culturels, de barrières religieuses, il n'y eut plus dans ce salon qu'une douzaine de femmes grisées de leur présence commune, séduites les unes les autres, se manifestant des gestes d'affection au moment du départ qui survint tard dans la nuit car aucune ne voulait quitter ce gynécée à l'accent de harem. J'ai perdu de vue ces femmes époustouflantes car l'amitié, comme l'amour d'ailleurs, s'accommode mal des barrières géographiques pour exister dans le long terme. Mais je demeure convaincue que cette soirée, où la connivence et le fou rire présidaient, demeure ineffaçable dans nos cœurs. Cette rencontre est inscrite dans l'histoire de chacune.

Pourquoi a-t-on autant besoin de rire ensemble ? Sans doute parce qu'on ressent plus ou moins confusément que le rire est un garde-fou qui nous protège du déchirement où nous plongent nos contradictions. La libération des femmes a multiplié nos tâches. Aucune femme qui assume les rôles de mère, d'intendante en chef en plus de son métier, ne peut avoir le sentiment d'être adéquate dans chacun de ses rôles. La pression est si forte, les contradictions si flagrantes qu'on a besoin de nos amies pour se rassurer, mais aussi pour décompresser. Le rire, cette mise à distance, agit comme une soupape, devient thérapeutique dans l'amitié. C'est à l'abri des jugements qu'on ose parler de nos frustrations d'épouse, de nos difficultés à assumer la maternité, de l'agressivité que suscitent en nous les échecs scolaires de nos enfants. Ces sujets graves qu'on aborde avec nos amies, on a aussi besoin de s'en moquer. Pour s'en distancier, pour y voir plus clair. On tient rarement sur nos enfants le discours lénifiant qui est le nôtre en public. Entre nous, on arrive à plaisanter sur nos petits enfants rois malgré notre susceptibilité quand il s'agit de critiquer notre progéniture. « Détends-toi l'utérus », dit un jour Chantal à une amie commune qui décrivait sur un ton affolé la scène où elle avait surpris sa fille de treize ans en train de fumer un joint avec deux copains. Cette remarque est devenue la phrase fétiche de notre groupe. On ne parle bien des petits et grands drames que la tête refroidie. Et le rire produit cet effet de refroidissement des émotions.

Tout le monde n'a pas le talent pour faire rire mais tout le monde a besoin de rire. Je n'ai jamais assisté à des soirées exclusivement féminines sans rire et sans parler vrai. On a moins de pudeur entre nous qu'en présence des hommes. Il n'y a pas de honte à se dévoiler et le rire participe à ce dévoilement. De plus, la complicité créée par l'humour favorise l'amitié. J'ai eu, il y a peu, un véritable coup de foudre pour une quinquagénaire déjantée qui use du verbe comme d'un fleuret. Nous sommes tombées dans les bras l'une de l'autre. À travers nos facéties, nous nous sommes confiées l'une à l'autre dans une intimité que d'autres mettent des années à développer. C'est en riant ensemble de nous-mêmes avant tout et en faisant rire notre entourage que nous nous sommes reconnues. Derrière ce besoin, nos fragilités respectives apparaissent mais on ne ressent pas l'obligation de les avouer. On s'intuitionne en quelque sorte. Cette nouvelle amitié inattendue, on la vit dans un bonheur dont les hommes de notre vie sont les témoins affectueux. Ces derniers,

les premiers et les plus enthousiastes specta-
teurs de nos facéties, il faut avouer que nous
les épargnons et qu'ils ne sont pas les sujets
de la dérision que nous pratiquons quelque-
fois sans trop de ménagement et sans charité
chrétienne, comme on dit dans la culture
catholique.

La capacité à se moquer de soi est un
signe de libération pour la femme. Tradition-
nellement, les femmes se devaient en public
et devant l'homme de pratiquer le silence, la
décence, les yeux baissés, signes de modestie
et d'humilité. Dans les années soixante-
dix, quand le mouvement féministe a pris
l'ampleur que l'on sait, de nombreuses
porte-parole du mouvement renvoyaient une
image si agressive et rébarbative qu'elles ont
fait fuir nombre de femmes sensibles par
ailleurs à leur discours sur l'égalité. Les idéo-
logues ne sont jamais très rock and roll, et les
militantes de choc rendaient peu attrayant
leur idéal. Les problèmes des femmes étaient

trop sérieux pour en rire, croyaient-elles. Dans les réunions d'où les hommes étaient exclus, malheur à celles qui pour alléger l'atmosphère tentaient une blague ou deux. Elles étaient rabrouées sans le ménagement auquel on s'attendrait de la part de femmes faisant l'éloge de la solidarité dans la sororité. C'était nier la dimension ludique de l'amitié, et refuser ce rôle libérateur du rire pour les femmes.

Lorsqu'on est amies, c'est également qu'on a pleuré ensemble ou tour à tour. L'amitié féminine a une fonction consolatrice indéniable. Les amies se perdent parfois de vue, se voient à l'occasion étant donné le rythme infernal de la vie, sont parfois inatteignables sur leur lieu de travail, mais que survienne un malheur chez l'une et les autres rappliquent dans l'heure qui suit.

À quelques jours de distance, j'ai vécu deux

situations où le réseau amical s'est déployé avec une efficacité compassionnelle impressionnante. Dans le premier cas, j'ai reçu un appel de Jeanne, une amie très proche. « Téléphone à Diane », a-t-elle dit sur le ton de l'injonction. « Qu'est-ce qui se passe ? » ai-je demandé à la fois curieuse et vaguement inquiète. « Téléphone », a-t-elle répété visiblement contente de son effet. J'ai donc composé sur-le-champ le numéro de portable de notre amie commune et suis tombée fatalement sur la boîte vocale puisque le réseau amical était déjà en branle. C'est Diane elle-même qui m'a rappelée en pleurs. Elle venait de rejoindre le club des femmes trompées ayant découvert la veille que son compagnon vivait une double vie et ce depuis longtemps. Elle s'était trouvée face à face avec sa rivale qui ignorait elle-même son existence. Solidaires dans l'adversité, les deux femmes avaient décidé sur-le-champ de confondre le sauteur, lequel tomba dans le piège grâce à une mise en scène digne de Feydeau.

En quelques jours, nous nous sommes mobilisées afin d'empêcher Diane de disjoncter et de mettre en action son plan vengeance comme elle l'appelait, assurées qu'elle y perdrait au change. Surtout, il fallait éviter de la laisser seule le soir, une hantise pour elle. Nous étions unanimes à considérer que la perte du prétendant était une fin heureuse pour elle qui avait souhaité l'épouser alors qu'il avait toujours résisté. Durant quelques jours, nous nous sommes consultées, afin d'analyser la situation, certaines craignant que Diane pose des gestes qu'on n'osait pas nommer. Nous avons enfin conclu qu'elle s'en remettrait facilement. L'alerte était passée. Nous avions joué notre rôle, chacune à sa façon et nous pouvions retrouver notre routine respective jusqu'au coup de téléphone de la prochaine éplorée.

Il vint plus rapidement que prévu. C'est

Diane elle-même qui me téléphona. « Appelle notre amie Anne, me dit-elle. Elle a besoin de nous toutes. – Très bien, dis-je. Et toi, ça va ? – Oublie-moi, répondit-elle, Anne est plus mal en point que moi. » Dans ce nouvel épisode, il s'agissait aussi d'une séparation que nous espérions car Anne est le genre d'amie qui aime trop, donne trop et se sent toujours coupable, donc attire les petits tyrans. Devant le malheur de l'une, toutes ses amies se regroupent, même si elles se connaissent peu. Il est rare qu'on ignore l'existence du cercle amical d'une amie proche, l'amitié n'étant pas un jeu de cache-cache. Toutes nous déplorions le choix d'Anne, mais tous les goûts sont dans la nature, et heureusement car la lutte des femmes entre elles pour un homme serait encore plus féroce. Dans le cas d'Anne, l'avis était unanime : le type ne lui convenait pas. « Je sais qu'il fallait que ça se termine, m'a dit Anne, étranglée par les sanglots. Je me rends compte que vous réagissez toutes de la même façon, et ça me rassure. »

Une des règles pour demeurer amies est de se réjouir du bonheur de l'autre en acceptant les hommes de sa vie, peu importe ce qu'on en pense. On en parle à cœur ouvert seulement au moment où survient une rupture. Il n'y a qu'une exception à cette règle : si l'amie elle-même prend l'initiative de critiquer son chéri. Alors, on peut acquiescer ou renchérir, mais avec une prudence de Sioux car rien n'est plus piégé que ces confidences faites par une femme sous l'emprise de la colère et de la déception amoureuse. On peut même perdre son amie en voulant trop l'aider à dénigrer son amoureux.

Quand survient la séparation, on trouve sans effort les paroles qui calment, confortent et valorisent l'éplorée. Car trop de femmes ont tendance à se déprécier ou s'autoflageller dans ces moments difficiles. Les amies sont alors d'un grand secours d'autant plus que plusieurs se complaisent dans leur malheur. «Ta vie recommence, ai-je dit à Anne. On t'aime. Tu es généreuse, attentive aux autres, on veut toutes retrouver celle qu'on a aimée. On ne te reconnaissait plus.» Anne m'a écoutée, acquiesçant, pleurant de nouveau. J'étais dans un stationnement sous la pluie, le combiné collé à l'oreille et il aurait neigé, il aurait fait -20° que je serais demeurée là jusqu'à ce qu'elle se calme. Dans ces moments-là, l'amitié nous transforme. L'affection que l'on éprouve pour notre amie redevient palpable. On aime la consoler, on sent sa peine, on peut la partager pour éviter qu'elle ne la submerge. Toute blessure amoureuse de l'amie nous renvoie aux nôtres. Celles qui ne sont pas cicatrisées comme celles qu'on a surmontées. Dans ces moments, l'amie redevient notre miroir, notre double, et en la réconfortant on se réconforte nous-mêmes.

Ce sont des moments où les conseils deviennent plus pertinents, où l'intimité redevient si dense, où l'amitié nous amène à nous surpasser.

Il y a des amies qui sont incapables de jouer ce rôle. Ce sont celles que le malheur des autres terrifie. Elles partagent avec nous les moments de plaisir mais sont impuissantes à agir au point de disparaître quand arrivent des coups durs. Des femmes de ce genre, nous en avons toutes dans nos vies. Les liens avec elles se sont tissés au cours des ans, on leur reconnaît des qualités précieuses, l'intelligence, la culture, la vivacité d'esprit, la générosité matérielle, mais ce sont des femmes incapables (à la manière des hommes, diront plusieurs) d'exprimer des sentiments et d'être autrement que spectatrices de ceux des autres. Ces amies-là dans les périodes de crise assurent plutôt l'intendance. Elles invitent le cercle qui entoure l'amie blessée, organisent des dîners à la maison, s'occupent de distraire faute de partager l'émotion. Ce qui s'avère essentiel et oblige le clan amical à rester ancré dans la réalité. Car les amies réunies autour du malheur d'une des leurs sont souvent portées à théâtraliser la situation comme elles le font dans leur propre vie. La rupture amoureuse d'une amie racontée par les autres se termine en autant de versions des faits que de perceptions individuelles, comme si chacune anticipait ce qui pouvait lui arriver à elle. Elle nourrit les conversations amicales parfois de longs mois alors que l'éplorée a retrouvé une partie de sa sérénité et parfois même un nouveau compagnon. Les amies se nourrissent de leur vie mutuelle ou comptent sur celles des autres pour meubler les moments plus calmes de la leur. En ce sens, rire ensemble et pleurer ensemble est une façon de vivre sa propre vie.

Nos chères amies...

Quand s'abattent sur une amie les grandes tragédies que sont la perte de proches ou une maladie grave, le clan se soude ou s'effrite. L'amitié comme l'amour peut éclater devant des cataclysmes qui renvoient chacune à ses fragilités, à ses propres terreurs et aux limites de son altruisme. Des amies de toujours peuvent s'éloigner de manière indicible dans ces étapes cruciales, incapables d'être les témoins vibrants d'une fatalité qu'elles appréhendent pour elles-mêmes. Par contre, on voit surgir des amies récentes qui entourent de leurs soins et de leur affection nouvelle une amie très malade. Je connais une femme qui, à la suite d'un grave accident qui l'a immobilisée près d'une année, a pu compter sur la présence indéfectible d'une amie plus jeune qu'elle avait rencontrée quelques mois seulement avant l'accident. Pendant que nombre de ses « vieilles » amies prenaient leurs distances l'une après l'autre, chacune retournant à ses obligations, sa famille et son rythme frénétique, cette jeune personne est demeurée auprès de son amie momentanément handicapée. La durée de l'amitié n'est donc garante ni de son intensité ni de sa profondeur. Dans les coups durs, c'est la qualité de l'attachement qui fait la différence.

Il n'est pas facile d'être amie pour le meilleur et le pire. Certaines amitiés se limitent aux moments joyeux de la vie alors que d'autres se révèlent dans les moments difficiles. Au cours de l'existence, on apprend à spécialiser nos amitiés sachant qu'aucune amie ne peut combler l'ensemble de nos désirs à la manière d'un amour. Si l'on rêve de vivre un seul amour pour la vie, que la plupart d'entre nous croient impossible, on désire avoir plusieurs amies selon l'âge, les expériences diverses et sa propre évolution.

L'amitié sous toutes ses facettes

Les femmes aiment avoir plusieurs amies au cours de leur vie et ressentent même de la nostalgie en pensant à toutes celles qu'elles ont perdues de vue ou qui les ont laissées tomber. J'ai des amies anciennes avec lesquelles je ne parle que de notre passé commun. On radote sur nos premiers flirts, « Te souviens-tu du Louis qui dansait tellement collé qu'on sentait son érection », et l'on éclate de rire. Curieusement, nos vies actuelles nous intéressent peu car la plupart du temps nos parcours ont divergé. Avec ces amies d'autrefois, le temps s'est arrêté aux anecdotes heureuses. Elles sont un baume pour le moral. On les voit dans de très rares occasions et on communique par téléphone car nos contacts ont besoin du rappel de la voix. On échange en retrouvant le ton et le vocabulaire de notre adolescence et chacune fait surgir à la mémoire de l'autre des événements oubliés par elle. « Ah oui, je me souviens », répète-t-on à tour de rôle. Il y a dans ces échanges un besoin de revivre des émotions qu'on croyait disparues et dans lesquelles réapparaît souvent la jeune fille qu'on a été et sur laquelle on a besoin parfois de s'attendrir. Seuls témoins de notre passé, on parcourt ensemble une distance dans le temps qui efface le présent de notre vie d'adultes. Ces anciennes amies sont les dépositaires des rêves, des espoirs et des excès d'une jeunesse dont certaines ont de la difficulté à faire le deuil. D'autres refusent ces fréquentations qui sont le rappel de ce qu'elles ont renié. J'ai une amie, ancienne hippie, qui a vécu en communauté et a participé à tous les concerts de rock des années soixante, de Woodstock à l'île de Wright, reconvertie dans la finance et mariée à un homme conservateur, qui refuse toute allusion à son ancienne vie.

Le choix des amies n'est pas plus rationnel que le choix des amours. « Qu'est-ce qu'une fille aussi géniale peut bien trouver à une emmerdeuse pareille ? » dit-on. On peut rétorquer que la « géniale » retrouve dans l'emmerdeuse une part d'elle-même qu'elle a le talent de soustraire au regard des autres. Mais l'amitié procède aussi selon le calcul. Il n'y a pas que les hommes pour pratiquer ce genre connu et terriblement efficace. Le pouvoir, la notoriété, la popularité attirent l'amitié. Les femmes si sensibles aux hommes puissants à qui elles reconnaissent des attraits érotiques (le portefeuille en étant un indéniablement) sont aussi fascinées par des femmes qui peuvent leur servir ou être utiles à leur compagnon de vie. L'amitié au féminin n'est donc pas dénuée d'arrière-pensées, tout en sachant que la relation dépendant de circonstances risque d'être éphémère. J'ai connu deux femmes devenues inséparables lorsque leurs maris ont été propulsés à la direction de leur entreprise. Elles se voyaient plusieurs fois par semaine et s'affichaient ensemble, voulant que cela se sache dans l'intérêt de l'entreprise. La belle histoire s'est terminée abruptement le jour où l'un des époux a éliminé l'autre dans un de ces combats professionnels où le gagnant est celui qui sait viser la carotide. Dans l'heure qui a suivi le coup de grâce, l'épouse de ce dernier a commencé à déblatérer tout aussi publiquement et avec autant de cruauté que son mari contre l'amie qu'elle avait encensée, fréquentée et choyée durant quelques années.

Il serait trop simple de croire que ces femmes n'étaient pas de vraies amies mais plutôt des copines, ce qui supposerait que l'amitié exclut la trahison. Mais entre une copine et une amie, la frontière est difficile à

établir. Pour une majorité de femmes, l'impli-
cation affective est très différente. L'amie reste
un terme fort qui implique un attachement,
une intimité, une forme de permanence dans
la relation, ce qui implique que leur nombre
soit limité. Il faut se méfier d'une amie pour
qui on n'est qu'une parmi cinquante alors
que l'on se considère son intime. Cela signifie
que les quarante-neuf autres connaissent tous
nos secrets confiés sous le sceau de la confidence. Nos peines d'amour, nos infidélités,
nos faiblesses servent à alimenter les conversations des « copines » que des âmes charitables,
toujours nombreuses, s'empressent de nous
rapporter. « Je te le dis par amitié », assurent-
elles en répétant les vacheries chuchotées dans
notre dos. Être l'amie d'une femme qui en
revendique cinquante est un risque affectif.

Cela dit, les relations amicales et de cama-
raderie entre femmes, peu importe le degré de
proximité et d'intimité, sont marquées par la
familiarité. Les femmes ne sentent pas le

besoin d'ériger entre elles ces barrières entre
vie publique et vie privée. Pour avoir fréquemment interviewé des femmes de pouvoir,
j'ai été à même de constater que les entretiens
strictement professionnels devant la caméra se
terminaient souvent une fois en coulisse par
des questions plus personnelles. « Vous avez
des enfants ? » demandaient les étrangères.
« Comment va votre fils ? » s'enquéraient des
compatriotes. On peut monter dans un taxi
conduit par une femme et en ressortir vingt
minutes plus tard en sachant tout de son
divorce en cours et en ayant soi-même raconté
ses déboires matrimoniaux. C'est ce qu'on
pourrait appeler l'amitié spontanée.

Si l'amitié est souvent la bouée de secours
à laquelle s'accrochent les femmes quand
s'écroule le couple, elle l'est encore davantage
quand surgissent des drames avec les enfants.
Quelle femme ne s'est pas transformée en
psychologue afin de secourir une amie que le
comportement de son adolescent menace de

plonger dans la dépression ? Soutenir l'amie, s'offrir comme intermédiaire entre l'enfant et elle, trouver les ressources professionnelles pour les aider, rassurer le père, ce sont les tâches familières des amies d'aujourd'hui. On ne compte plus sur les frères et sœurs pour nous soutenir en cas de crise. On les fréquente de moins en moins et souvent les liens sont rompus. L'expression « laver son linge sale en famille » est tombée en désuétude, les amies sont en train de se substituer à la parentèle.

Il y a peu de temps, une amie a dû subir une opération qui allait la clouer au lit durant quelques semaines. J'ai alors découvert que des amies à elle avaient mis en place un système de soins à domicile à faire l'envie des services sociaux. Chaque après-midi, Christine recevait des repas cuisinés par les bons soins d'un membre de cette équipe amicale qui lui tenait compagnie jusqu'à l'heure du coucher. Durant la journée, il fallait prendre rendez-vous pour visiter la convalescente vu le nombre d'amies désireuses de distraire cette femme hyperactive qui souffrait d'être confinée à domicile. Doit-on préciser que l'estropiée récoltait ce qu'elle avait semé, elle qui s'est dévouée depuis toujours au bien-être des gens qu'elle aime et qui a un incommensurable besoin de donner d'elle-même sans attendre de retour? Divorcée, ses enfants adultes vivant à l'étranger, elle a su reconstituer autour d'elle une structure quasi familiale, ce modèle d'entraide qui reposait, dans le passé, sur les liens du sang. Il n'est pas surprenant que grâce à ce clan aussi affectif qu'efficace, Christine ait récupéré en un temps record. Les battantes ont aussi besoin d'attentions, de délicatesse et d'encouragements dans les moments cruciaux.

On a des amies au tempérament si bouillant et susceptible que l'amitié entre nous relève de l'exploit. Une amie, dont la possessivité complique les relations au quotidien et oblige à des accommodements dans la durée, est l'exemple parfait de ce que j'appelle l'amie intermittente. Avec elle, une phrase malencontreuse, un mot de trop, et elle se lève et quitte la pièce en claquant la porte ou raccroche le combiné. Durant des jours, parfois des semaines, voire des mois, elle disparaît. J'avoue ma fascination pour pareil tempérament. Imprévisible, attachante, il faut comprendre derrière ses mots, derrière ses gestes, que cette amie est une femme traquée par des peurs anciennes, ignorées de la plupart des gens qui l'entourent. Contrairement à d'autres amies qui sont des livres ouverts, j'ai reçu très peu de confidences de sa part. Cette femme possède la qualité rare de déplacer les montagnes pour aider ses amies. Rien ni personne ne lui résiste quand elle déploie les armes de sa séduction dont elle use et abuse autant que de son sale caractère. Grâce à elle, j'ai fait des voyages qui se révélaient impossibles à cause des complications d'intendance. Grâce à son pouvoir de convaincre, elle m'a ouvert des portes sur le plan professionnel qui m'ont permis de réaliser quelques rêves dont ceux de rencontrer quelques fascinantes personnalités. Grâce à sa présence à une période sombre de ma vie, mes tourments furent amoindris et l'espoir réapparut. À vrai dire, cette femme compliquée préfère fréquenter ses amies dans les moments ardus de leur vie car elle est douée pour la résolution des conflits. Ses amies momentanément heureuses, elle a tendance à les ignorer et même à s'en méfier. La vie n'étant pas un long fleuve tranquille, cette amie des mauvais jours est aussi précieuse qu'unique, on est portée à tout lui pardonner, ses abandons périodiques et ses absences quand tout va bien pour nous. Les amies des mauvais jours, ça ne court pas les rues à notre époque.

Nous avons toutes vécu au contraire des abandons de la part d'amies incapables de demeurer à nos côtés durant des périodes pénibles où nous n'étions ni drôles ni dynamiques, où nous imposions à notre entourage le radotage incessant de nos malheurs et de notre impuissance à les surmonter. C'est sans doute pourquoi au cours d'une séparation, on aura tendance à se lier d'une amitié aussi subite qu'intense avec une femme vivant la même expérience. On a toutes été amies avec des femmes avec lesquelles on a partagé non seulement nos peines d'amour mais aussi ce qui leur est indissociable, nos doléances à l'endroit des hommes, source de nos déconvenues. Cette connivence-là soude l'amitié aussi fortement que des goûts communs, un regard semblable sur la vie ou des intérêts convergents. Ces amitiés nées d'un drame personnel rassurent davantage. Car les amies de longue date en savent souvent trop sur notre passé pour tolérer ce besoin momentané de nous complaire dans notre peine. Une amie fréquentait depuis des années un homme dont elle se plaignait constamment. Elle le critiquait pour tout et pour rien et ne se privait guère de le rabrouer en public, une situation toujours intolérable pour les intimes d'un couple. Le jour où il a fini par avoir le courage de la quitter, elle a bien tenté d'ameuter le réseau amical pour s'apitoyer face à cette « trahison » mais aucune n'a eu envie de la prendre en pitié. Au contraire, toutes se réjouissaient de la rupture. C'est alors qu'elle s'est tournée vers une femme abandonnée par son mari et avec laquelle elle a pu pleurer toutes les larmes de son corps sur son triste sort. « Ma nouvelle amie me comprend, elle », répétait-elle à la cantonade. Évidemment la néophyte a cru son histoire réinventée dans laquelle elle s'attribuait le beau rôle de victime, se gardant bien de raconter à quel point elle avait méprisé et rabroué cet homme pendant de longues années.

Toute histoire d'amitié connaît des soubresauts, des rapprochements, des bouderies plus ou moins avouées, des lassitudes, des déceptions, des envies de rompre, des colères, des regrets, des remises en question. Mais sans amies, une femme n'a plus de miroirs pour lui renvoyer toutes ces images contradictoires qui définissent sa personnalité. Sans amies, une femme s'aveugle. C'est à travers le regard de l'autre qu'elle se remet en question, s'interroge et parfois se transforme. Ce qui n'est guère le cas dans la relation amoureuse puisque pour survivre, l'amour doit être entouré de mystère, de demi-aveux, de feintes, de chuchotements. L'amour est un huis clos où deux êtres à la fois si totalement différents et si fortement complémentaires s'enferment sans aucun recul et sans désir de retrouver dans l'autre sa propre image. En amitié, les femmes sont incapables de feindre. Du moins dans le long terme. L'intuition légendaire qu'on nous attribue non sans raison permet de saisir souvent ce qui échappe aux hommes qui nous entourent, nos compagnons au premier chef mais elle nous sert aussi à débusquer les doubles discours et les sentiments ambigus de nos amies. Les femmes peuvent difficilement se raconter des histoires, l'effet de miroir leur servant de test de vérité. On peut même affirmer que les amies se connaissent parfois mieux entre elles que ne les connaissent les hommes qui partagent leur vie.

C'est à la lumière de cette réalité que s'expliquent les infidélités en amitié. Dans certaines circonstances, les femmes ne souhaitent pas la présence dans leur vie d'amies dont elles redoutent le talent pour les décrypter. Nous avons toutes des amies qui nous ont laissées tomber momentanément pour de nouvelles et éphémères amies que nous jugions peu intéressantes ou d'hommes que nous estimions peu dignes d'elles. Cette forme d'infidélité, il faut bien s'en accommoder même si certaines, au tempérament possessif, la vivent parfois comme une traîtrise. L'amitié relève du sentiment passionnel, faut-il le répéter, et les amies s'aiment tout autant qu'elles peuvent se détester ou se blesser.

À certaines périodes de leur vie, les femmes ressentent le besoin de raconter leur vie intime dans les moindres détails. Pour se comprendre elles-mêmes, pour se rassurer sans aucun doute et pour se comparer. Une comparaison qui n'a surtout rien à voir avec la compétition mais plutôt avec la peur plus ou moins consciente de ne pas être « normale ». Non pas en fonction d'une morale quelconque mais pour s'assurer de ne pas se perdre elles-mêmes. Les confidentes sont celles à qui on reconnaît de l'expérience en la matière et qui peuvent entendre ces aveux sans porter de jugement. Les femmes adorent parler de sexualité ; elles prennent plaisir à raconter ou écouter des anecdotes sur les prétendues performances masculines. Décrire le sexe d'un amant de passage, sa puissance ou son impotence, ses gaucheries, ses exploits au lit, qui d'entre nous ne l'a pas fait dans sa vie devant ses amies ? Mais décrire sa propre sexualité, ses propres fantasmes, ses envies ou ses réticences face aux exigences d'un amant est d'une autre nature. Les femmes réservent donc ces conversations à des amies qu'elles choisissent avec prudence et circonspection. Des amies auxquelles on n'est pas très attachées et avec lesquelles on ne souhaite pas forcément poursuivre l'amitié au-delà des moments où on a besoin de leurs conseils. J'ai fréquenté, quand j'étais étudiante, une fille qui avait une grande expérience des hommes et qui, par ses conseils précis, m'a aidée à traverser sans trop d'inquiétude ma première relation sexuelle. Mon amoureux de l'époque n'a jamais su que je lui ai cédé grâce aux conseils de cette fille qui a dédramatisé pour moi ce rite de passage, prenant soin de m'expliquer ce qui me troublait et me faisait peur à la fois. Cette amie-là, je ne parlais jamais avec elle de mes ambitions profession- nelles, de mes engagements politiques, de mes engouements littéraires. Nous ne parlions que de sexualité et elle se considérait, à juste titre, comme mon mentor en la matière. Je l'ai perdue de vue, une fois mon émancipation assurée, mais je la considère comme une amie précieuse au début de ma vie adulte.

Par instinct les femmes font preuve de prudence en fréquentant les amies de leurs amies. Car le rapprochement n'est pas inno- cent, il peut déplaire à l'amie de référence, susciter sa jalousie. Il peut aussi procéder d'un désir de se rapprocher de l'amie si on a le sentiment qu'elle s'éloigne, ou alors d'une tentative de prendre soi-même ses distances tout en demeurant liée à elle par procuration en quelque sorte. Les petites filles apprennent tôt cet art féminin de se voler mutuellement leurs amies ou de les « emprunter » pour une période qui correspond souvent à une brouille suivie d'une rupture. Ces amitiés-là peuvent aussi croître et embellir. J'ai croisé dans ma vie une femme qui s'est fait une spécialité du recrutement d'amies à partir de son cercle amical plus que restreint. De personnalité assez réservée mais néanmoins attirée par le brio, le bagout et l'importance sociale, elle a réussi à se monter une banque d'amies digne d'un fan-club. En y mettant l'énergie néces- saire, elle a attiré à elle toutes sortes de femmes. Elle s'offrait des amies en y mettant le prix réel et sentimental. Et si ces dernières s'attachaient à elle dans un premier temps par reconnaissance, par intérêt parfois vu sa géné- rosité ou parce que cette femme leur témoi- gnait de l'admiration, elles se sont mises ensuite à l'aimer sincèrement et beaucoup l'ont accompagnée quand la maladie l'a atteinte.

Nous connaissons toutes des femmes souffre-douleur, qui consentent à subir l'oppression de celle qu'elles nomment pourtant leur amie. J'ai deux amies qui sont la caricature du couple chamailleur. Elles se disputent, s'engueulent, se réconcilient, se torturent mentalement sans pouvoir rompre le lien qui les unit. Les hommes qui se sont succédé dans leur vie ont été les témoins impuissants et finalement horripilés des scènes qu'elles se faisaient. La dynamique même de leur amitié repose sur cet affrontement apparent. Chacune s'applique en public à jouer à tour de rôle la méchante. Mais malheur à celles qui osent critiquer l'une devant l'autre. Leur solidarité ne tolère aucun propos désobligeant d'un tiers même si l'une et l'autre s'autorisent les remarques les plus cinglantes et les plus cruelles. Le plus surprenant est que derrière ce jeu de massacre, leur amitié perdure ! Il existe entre ces femmes aujourd'hui quinquagénaires une connivence qui date du temps de leurs vingt ans, à un moment de leur vie où toutes deux ont été trahies par le même homme qu'elles ont aimé avec passion. Elles le partageaient alors sans le savoir et n'ont découvert le pot aux roses qu'au moment où le traître les a quittées pour une troisième. Ces amies surprenantes donnent l'impression de vivre encore de la rage éprouvée trente ans plus tôt et qu'elles reportent l'une sur l'autre. Cette amitié tonitruante a survécu à bien des ruptures et dans leur vie désormais plus rangée elles ont sans doute besoin de ces émotions fortes et ritualisées qui leur servent de théâtre personnel.

Nos chères amies...

Diverses, intenses, incompréhensibles parfois, aucune amitié n'en exclut une autre contrairement à l'amour qui exige fidélité. Elles sont exclusives, explosives, complices, certaines semblent fugitives, d'autres sont chaotiques, et quelques-unes destructrices. Il existe aussi des amitiés qui sont tranquilles, ordinaires au point de ne pas avoir l'air d'exister. Les relations amicales sont différentes d'une femme à l'autre, mais toutes révèlent une facette intime et cachée de celles qui les vivent.

Les amies et les hommes

L'homme est au cœur du discours entre amies. Nos confidences tournent souvent autour de nos relations avec les hommes. On ne se lasse jamais de discourir sur ceux qui partagent ou traversent nos vies. Deux amies attablées discutent intensément, ou joyeusement, ou l'air attristé ou ébahi, les chances sont très élevées que dans cet échange un homme soit en train d'être soupesé. En ce sens, les hommes nous unissent ou nous réunissent, eux qui souvent peuvent devenir un objet de division et de déchirement entre nous.

En effet, malgré tous nos beaux discours sur la sincérité amicale, nous nous méfions les unes des autres quand il est question de nos hommes. Certaines le font avec humour, mais la plupart manifestent de la réticence. Peu de femmes, quel que soit leur âge, voient d'un bon œil leurs amies manger régulièrement en tête-à-tête avec leur mari ou même un amoureux passager. Par peur qu'il devienne infidèle, toute femme sachant que l'homme résiste mal à l'envie de se confier à une femme, ne serait-ce que pour la séduire de façon platonique. La confidence est la première étape d'une intimité dont on connaît les méandres sentimentaux. Les femmes se méfient aussi des anciennes copines de leur mari qui surgissent parfois. Pourquoi tenter le diable ? se dit-on. Les femmes, sans l'avouer, espèrent secrètement que rien de leur homme ne leur échappe. Surtout des aveux à l'autre femme. Nos amies proches, quant à elles, ne pourront jamais être les amies de nos amoureux sans mettre en cause les liens qui nous unissent. La discrétion et la retenue face à nos hommes sont des qualités que l'on attend des femmes qui nous entourent.

La règle d'or de l'amitié féminine exige que les hommes de nos amies soient tabous. Certaines considèrent même que la solidarité leur interdit, suite à une rupture dans un couple, de nouer une relation avec l'ex. On a toutes des amies qui réagissent de la sorte. Les ruptures amoureuses plongent plusieurs dans des abysses de chagrin et toute référence à celui qui nous a fait souffrir est insupportable. J'ai une amie qui, vingt ans plus tard, réagit encore fortement lorsque dans la conversation il est question de son ancien mari, devenu personnage public. Elle exige de ses amies proches qu'elles se soumettent à son diktat et a déjà rompu avec une amie de longue date qui avait eu la mauvaise idée d'accepter une invitation pour une soirée où l'homme était honoré. Toutes les femmes ayant vécu des ruptures ne formulent pas des exigences aussi extrêmes que cette femme aux sentiments excessifs envers ses « vraies amies ». On apprécie néanmoins l'affection qu'elle nous manifeste.

Cela nous renvoie à la question de l'éthique et plus largement du sens moral que nous prônons. Celles qui font l'éloge de l'infidélité pour elles-mêmes ne devraient normalement pas se scandaliser lorsque d'autres la pratiquent à leurs dépens. Mais les comportements affectifs, on le sait, échappent à toute logique et toute rationalité. J'ai croisé au cours de ma vie des femmes libres, affranchies, à les entendre, de toute contrainte sociale, vivant d'aventure en aventure, trompant à gauche comme à droite sous les applaudissements des amies bluffées, jusqu'au jour où l'une d'entre elles leur ravit un amant passager. Il se passe alors un phénomène moins paradoxal qu'il n'y paraît. Ces femmes libérées qui carburent à la solidarité féminine vont accabler l'amie devenue rivale, souhaiter pour elle le gibet tout en épargnant l'homme qui les a trahies. Comme quoi les limites de l'amitié féminine sont atteintes quand elles empiètent sur la relation amoureuse. La bienveillance et la tolérance proclamées survivent mal aux déceptions, aux tromperies, aux mensonges. À croire que les femmes se pardonnent moins entre elles qu'elles ne pardonnent aux hommes.

Nous avons toutes, momentanément, perdu de vue une amie proche tombée amoureuse. Dans les débuts d'une histoire d'amour beaucoup de femmes sont incapables de se partager entre leurs amies et l'élu de leur cœur. Chacune l'a vécu et sait que sous l'emprise de la passion, le rôle de l'une pâlit jusqu'à disparaître à moins qu'elle ne serve de confidente attitrée à l'amoureuse pâmée. Celles qui disparaissent et qu'on revoit en couple sont souvent métamorphosées. J'ai vécu cette expérience bizarre d'une amie qui

en présence de son nouvel amoureux aban-
donnait le ton familier qui était le nôtre. Elle
s'adressait à moi en mettant une distance
artificielle qui m'horripilait et me mettait
mal à l'aise. Elle craignait sans doute que nos
liens étroits donnent à son compagnon le
sentiment d'être exclu. Comme si sa nouvelle
intimité de couple ne pouvait s'accommoder
de l'intimité de notre amitié.

Pourtant, ce genre d'amies n'ont de cesse
de nous consulter avant que leur relation
amoureuse se concrétise. Ensemble, souvent,
on a affiné la stratégie d'approche. « Que
ferais-tu à ma place ? Comment faire pour
avoir l'air juste assez indépendante pour ne
pas l'effaroucher ? » Ces questions, qu'on a
nous-mêmes posées un jour à nos amies, elles
nous les posent à leur tour. On épluche
ensemble les courriels amoureux, les soumet-
tant à une analyse des plus pointues où
chaque mot est évalué, décrypté selon ses
multiples sens, et les réponses nous sont

d'abord présentées pour approbation. Sans parler des coups de fil reçus tôt le matin ou tard la nuit, d'une amie affolée d'attendre une sonnerie qui ne se fait pas entendre. Mais quand l'idylle est amorcée, l'amie redoute les critiques du clan amical. Elle craint ce qu'elle a souvent pratiqué elle-même, c'est-à-dire le jugement sans complaisance sur le nouveau venu. Il est vrai que l'aveuglement d'une femme face à un amoureux résiste mal à la présence constante de ses amies autour d'elle. Celles-ci saisissent rapidement ce qui ne va pas mais s'efforcent de fermer les yeux en sachant que leur amie ne les entendra pas. Par contre, elles anticipent le jour où, la rupture survenant, elles répéteront en chœur : «On n'est pas étonnées. On aurait pu te le dire mais on n'a pas osé, tu voulais tellement que ça marche.» Les amies croient fermement que la connaissance qu'elles ont les unes des autres est souvent plus pénétrante, plus juste et plus objective que celle de leur entourage respectif.

L'amie qui tombe amoureuse s'éloigne, si elle a l'impression que ses amies la jugent ou manquent d'enthousiasme face à son choix. Finies les confidences, terminées les connivences, les week-ends partagés, l'amitié est sacrifiée en quelque sorte. La rupture passagère est implicite. Inutile de tenter de s'expliquer, l'amie ne répond plus. De façon paradoxale, les femmes ont besoin des autres femmes pour se plaindre de l'absence d'un homme mais quand elles le trouvent, elles sont incapables de concilier sa présence dans leur vie avec celle des amies. En cette période de rareté masculine, l'amitié et l'amour apparaissent antinomiques parfois aux yeux des femmes.

Il y a aussi le rôle d'entremetteuses que certaines adorent endosser. Surtout à notre époque où résonne partout en Occident cette longue plainte des femmes à la recherche de l'homme idéal. Il y a celles qui organisent des dîners au profit des esseulés, qui notent les coordonnées de collègues divorcés, qui donnent rendez-vous dans des bars que fréquentent les éventuels candidats. Au cours de l'année dernière, j'ai assisté à un certain nombre de mariages, résultat de l'initiative d'amies très actives dans la chasse aux candidats et qui sont passées maîtresses dans les stratégies d'approche de ceux qu'elles estiment présentables. C'est en dînant avec un ancien camarade d'université que Louise a eu l'intuition que ce dernier serait le partenaire rêvé pour Michèle. Au cours de la noce, qui s'est déroulée peu de temps après, la mariée a remercié en priorité Louise de sa clairvoyance et de sa célérité, car, a-t-elle déclaré devant l'assistance hilare, « il est bien connu qu'un homme seul ne le demeure pas longtemps ». De nos jours, les mariées de plus de trente-cinq ans ne remercient plus leurs parents de les avoir mises au monde mais leurs amies pour avoir été à l'origine de leur bonheur, dont tout le monde espère qu'il sera éternel. Et les amies présentes au cours de ces réjouissances se disent en elles-mêmes que, quoi qu'il arrive dans le couple, elles seront là pour consoler la future malheureuse.

Les entremetteuses s'inscrivent dans le sillage des « marieuses » des sociétés tradition-nelles. Certaines futées en font commerce. Je connais au moins cinq femmes qui ont eu recours à des agences qui leur ont soutiré des milliers de dollars en les appâtant avec des princes charmants qui se sont révélés ni princes ni charmants. Elles se sont repliées sur Internet où comme au Loto on a une chance sur cent mille de décrocher la perle rare. Dans mon cercle amical, on a constitué une banque de candidats potentiels pour celles qui rêvent d'une vie de couple. Dès qu'on apprend l'existence d'un célibataire libre et d'un nouveau divorcé, on l'inscrit sur notre liste malheureusement très courte. Car on est plutôt en manque de candidats valables. Et comme le résume si bien une de mes amies à la recherche de l'homme invisible : «Comment veux-tu que l'on rencontre des hommes quand on est toujours entre femmes et qu'on se trouve tellement intéressantes ? »

Les femmes changent de comportement en présence des hommes. C'est pourquoi elles retirent tant d'avantages à se retrouver entre elles, sans cette tension qui s'installe lorsque l'homme apparaît. Il est gênant et parfois insupportable de voir une amie proche se transformer en carpette devant un mâle alors que quelques minutes plus tôt elle nous aura confié à quel point elle trouve le type prétentieux et ennuyeux. Il est agaçant d'être spectatrice de la métamorphose d'une battante en brebis devant un homme qui lui fait une cour aussi insistante qu'assurée. Comment supporter qu'une amie tonitruante pratique le mutisme devant un beau parleur? Pour ne pas mentionner celles qui au cours d'une soirée restent sagement auprès de l'homme qui les accompagne et jettent sur leurs amies un regard, l'air de dire: «Vous ne pourriez pas hausser le niveau de la conversation? Qu'est-ce que mon ami va penser de nous?»

À l'inverse, quel désagrément de se faire rabrouer par son homme ou d'être l'objet de ses remarques acidulées devant des amies. De même qu'un malaise se crée si dans un couple dont on connaît les failles suite aux confidences de l'amie, on assiste à des débordements affectueux, sorte de mise en scène pour la galerie.

La présence masculine tant souhaitée est toujours une source de complications dans les relations des femmes entre elles. Même les amis gays pour lesquelles beaucoup de femmes nourrissent une affection sincère n'arrivent pas à s'intégrer dans ces réunions amicales qui ne supportent pas de témoins mâles et difficilement des femmes étrangères aux liens qui y sont tissés. Les amies partagent une expérience commune excluant les autres, les hommes au premier chef. Elles échangent sur un mode de familiarité dans un langage parfois codé, pour leur plus grand amusement et dans un espace où l'homme n'a pas vraiment de place. J'ai eu une amie, une de celles qui se sont volatilisées au cours des ans, qui organisait des soirées où les hommes les plus déjantés auraient rougi comme des vierges. Car il y a dans ces relations d'amitié au féminin une nécessité d'exorciser les peurs communes. Devant la peur de ne pas être aimées, celle de s'abandonner à aimer, la peur d'être quittées, de se retrouver seules, de vieillir sans compagnon, les femmes se choisissent, se confient et font face. Cette fascination pour comprendre l'homme, le séduire, se protéger parfois de lui, c'est avec ses amies qu'une femme l'exprime. Il apparaît ainsi impossible d'inclure la présence de l'homme quand il est l'objet même de la complicité.

Plus les femmes avancent en âge, plus l'amitié occupe une part essentielle de leur vie. Dans les couples qui ont survécu aux tempêtes passionnelles, les femmes revendiquent désormais l'amitié comme un droit. Elles n'en sont plus à se préoccuper des réactions de leurs vieux maris. Elles refusent la possessivité traditionnelle, la dépendance, le face-à-face. Entourées d'amies, elles ont une vie à elles, entre elles, où l'homme est rarement invité. Souvent elles ne lui donnent aucun choix. Elles disent : « Je n'ai rien à me reprocher. J'ai passé des années à penser à lui et m'occuper de lui. Je pense à moi désormais. » L'amitié les dynamise et les oblige à se renouveler.

Il n'y a pas que des amoureux dans la vie des femmes, il y a aussi leurs amis hommes. Et beaucoup de femmes aiment croire que l'amitié entre sexes opposés ne soulève pas de problèmes particuliers. Rien n'est moins sûr. L'amitié avec les hommes n'existe qu'à certaines conditions. Bien sûr, avec les hommes gays, la relation ne repose pas avant tout sur le besoin de séduire. Beaucoup de femmes recherchent avec eux le plaisir d'être avec un homme sur lequel s'épancher tout en s'épargnant les aléas de la séduction et des déceptions possibles.

L'amitié profonde avec un hétérosexuel ne peut pas faire fi de la porosité de la frontière entre amitié et amour. La proximité et la connivence favorisent l'éclosion amoureuse. Qui n'a pas vécu ce type de relation où l'attirance physique a fini par brouiller les sentiments qu'on croyait de nature amicale ? Beaucoup de femmes et d'hommes se sont fait prendre à ce piège. Pour que l'amitié survive sans se dénaturer, les partenaires doivent avoir l'un pour l'autre des attentes similaires. J'ai rencontré dans ma vie plusieurs femmes liées par une amitié vraie et profonde avec des hommes. À quelques exceptions près, elles ont toutes fini par avouer qu'elles avaient un jour, dans un moment de faiblesse ou de tristesse, cédé à leur désir commun. « Si on n'avait pas couché ensemble, on n'aurait pas pu poursuivre notre relation. On a su que le sexe n'était pas ce qu'on souhaitait. On s'avoue tout sans arrière-pensée, parce qu'on a brisé le mystère et découvert en faisant l'amour qu'on n'était pas amoureux », m'a avoué une amie.

Dans ce type d'amitiés plus exceptionnelles qu'on ne le pense, la séduction n'est pas exclue. Toute femme évitera instinctivement de faire l'éloge d'un autre homme, pour protéger l'amour-propre de son ami, un trait si masculin. De même qu'on éprouvera un léger agacement à entendre l'ami nous parler avec fièvre et passion de sa compagne. En fait, les conversations ouvertes et sincères avec des hommes ne seront jamais comparables à celles des femmes entre elles. Ce qui ne signifie pas que la sincérité n'est pas au rendez-vous, mais que l'amitié homme-femme n'est pas de même nature, et les femmes qui l'entretiennent ont un profil particulier. Ce sont souvent des femmes émancipées, sûres d'elles-mêmes, capables d'établir avec les hommes des rapports où la séduction est mise en veilleuse et contrôlée. Des femmes qui donnent aux hommes qui les côtoient le sentiment d'être compris, qui n'attendent pas de contrepartie sentimentale, soit qu'elles sont mariées, soit qu'elles assument sereinement leur statut de célibataires. Du moins pour les plus âgées.

Chez les jeunes, l'amitié entre garçons et filles se vit dans une égalité plus évidente. Les jeunes filles sont moins enfermées dans des stéréotypes et leurs rapports aux garçons sont plus directs. Elles ont vécu des enfances plus bouleversées que leurs mères, ont entretenu depuis leur plus jeune âge des relations indépendantes de la famille, se sont retrouvées dans le désarroi de leurs amis garçons qui vivaient mal le divorce de leurs parents ou le remariage de l'un d'entre eux. En fait, ces enfants de toutes les ruptures confèrent à l'amitié un caractère sacré. Elle apparaît pour eux la seule valeur stable dans leur existence secouée par les choix de vie des adultes qui les entourent.

Parmi les amis de tous horizons, la catégorie qu'affectionnent particulièrement la plupart des femmes, ce sont les hommes gays. De nos jours, les filles recherchent la compagnie de ces garçons pas comme les autres, pour paraphraser la célèbre chanson de Luc Plamondon. « Dans mon collège, les filles veulent toutes avoir un ami gay. C'est cool », dit Laure qui ne jure que par Thomas, son meilleur ami, « le garçon le plus *bright*, le plus déluré et le plus gay des gays du collège ». Les filles chouchoutent et adorent ces garçons qui jouent un rôle de confident et de chevalier servant. Car même à cet âge, les filles se plaignent de la rareté des candidats à l'amour.

Peu de femmes n'ont pas de gays dans leur cercle amical. Le plaisir de placoter, de rire, de se moquer, de s'indigner jusqu'à l'hystérie, ces façons de faire correspondent à des stéréotypes mais sont aussi bien réels. Les femmes adorent parler de leurs malheurs amoureux avec des amis gays car ces derniers sont des interlocuteurs de premier choix. Ce sont les seuls hommes qui comprennent les hommes à leur manière à elles. Les femmes les choisissent comme confidents quand elles sont abandonnées et tristes. Et en ce sens, elles les utilisent. Car surgit un nouvel amoureux et l'ami gay est relégué au second plan.

La mixité sexuelle qui existe de nos jours et l'évolution des relations entre les hommes et les femmes en fonction de l'égalité des sexes en amènent plusieurs à conclure à une désexualisation des rapports. S'il est vrai que les jeunes filles et les jeunes garçons se fréquentent davantage sur un mode amical, ces amitiés ne pourront jamais se substituer au besoin que nous ressentons toutes de vivre entourées de nos amies. Aucune amitié avec un homme ne remplace cependant l'amitié féminine qui seule permet à une femme de se retrouver face au miroir de l'autre. Il lui reflète à la fois ce qu'elle est, ce qu'elle désire être et ce qu'elle n'a pas réussi à être. Il construit et protège. Ce qu'aucun autre lien de nos sociétés n'assure.

Le mariage autrefois accordait à la femme et aux enfants une forme de protection et la famille, entendue au sens de la fratrie, avait un rôle de suppléance en cas de coups durs. Cette forme de solidarité du sang et de stabilité sociale tend à s'atténuer. Les femmes ont besoin de recréer en dehors de la famille éclatée un lieu de solidarité et de pérennité. L'amitié devient ainsi une valeur primordiale et les amies remplacent en quelque sorte la famille. Dans ce nouveau contexte de l'amitié déifiée, les blessures amicales peuvent se comparer en intensité aux blessures amoureuses de toujours.

Ruptures et trahisons

On aime croire que l'amitié nous met à l'abri des ruptures, contrairement à l'amour. On rêve à l'amour éternel sans y croire et on croit à l'éternité de l'amitié malgré des expériences contraires. On se berce de cette illusion jusqu'au moment inattendu où celle qu'on croyait une amie nous trompe ou nous abandonne. À chaque âge de la vie, se produisent des brouilles ou des malentendus avec nos amies auxquels on n'est jamais préparées. J'ai perdu une amie qui s'est évaporée. Nous étions proches, nous nous voyions régulièrement, nous adorions placoter de tout et de rien. Je suis revenue de vacances un été et elle avait disparu sans laisser d'adresse, sans un mot d'explication, sans un coup de télé-phone. Je n'ai pas cherché à la revoir, trop ébranlée par sa sortie brutale de ma vie. J'ai aussi cessé de voir des amies en constatant au fil des ans qu'elles m'ennuyaient davantage qu'elles me distrayaient. Je le déplore bien sûr, mais l'amitié est un sentiment qui ne devrait pas être lourd à éprouver. Il y a aussi les amies qui finissent par nous lasser à force de nous obliger sans arrêt à prendre l'initia-tive. C'est toujours à nous de leur téléphoner, de les inviter, comme si leur seule présence suffisait à nourrir la relation. On met aussi fin à l'amitié quand on a la conviction d'avoir atteint les limites d'une relation. Car, pour demeurer amies, on ne doit pas cesser de se surprendre. De s'admirer aussi, de retirer de la fierté à se fréquenter.

Ces amitiés-là ne sont pas de celles qui nous heurtent profondément quand elles se terminent. Elles nous blessent autrement, l'usure du temps opérant le constat navrant qu'il n'y a pas de fidélité éternelle. On y met fin dans le soulagement ou l'indifférence et parfois un vague regret des plaisirs partagés. Il ne faudrait pas croire qu'elles n'ont pas compté car toute amitié, passagère ou épisodique, comporte sa part d'attachement, d'affection réciproque et d'attirance. Mais elles ne déchirent pas en profondeur. On dira : « J'ai été amie avec elle à une certaine époque » avec nostalgie et regret de ce qui ne dure pas. Il nous arrivera de croiser l'ex-amie au hasard des rencontres, l'une et l'autre diront : « Il faut absolument se voir », on y croira en prononçant la phrase tout en sachant la seconde suivante qu'on ne le fera pas. Car pour cela il faudrait reprendre la relation là où on l'avait laissée, la travailler, la faire lever comme on le dit pour une pâte et on ne s'en sent pas le courage ou la force. Il faut donc accepter l'idée d'une perte et du pincement au cœur qui nous étreint.

Mais les femmes vivent d'autres sortes

d'amitiés, plus passionnelles, plus conflic-
tuelles, de celles qui s'inscrivent fortement
dans une vie. Ces amitiés procurent des
joies, des exaltations, elles reposent sur de
l'admiration mutuelle et de la reconnaissance.
Leur intensité suppose des sentiments où la
possessivité et le désir d'exclusivité entraînent
des tensions parfois difficiles à vivre. Ces
amies-là nous nourrissent affectivement,
intellectuellement et psychologiquement. Ce
sont ces amitiés précieuses qui nous enri-
chissent et dans lesquelles nous investissons
la meilleure part de nous-mêmes. Devant ce
type d'amies, nous faisons preuve de vulnérabilité et d'exigence en même temps puisque
nous les voulons à la hauteur de l'ambition
que nous y avons placée.

Dans la relation amoureuse une des obses-
sions de la femme est de s'assurer de la réciprocité du sentiment. « Combien m'aimes-
tu ? » s'enquiert-on avec le ton de la petite
fille. Or, en amitié, les femmes ont tendance

à penser que la réciprocité va de soi. On se refuse à admettre que l'amitié féminine est aussi complexe, sinueuse et ambiguë que la relation amoureuse. Le credo facile est de prétendre que les rapports sont plus simples puisque le désir sexuel en est absent. Cela explique peut-être que les femmes ont moins tendance à se protéger de leurs amies qu'elles ne se protègent des hommes. Une amie nous met en garde contre une autre, et on conclut à la jalousie de la première. Si elle insiste et apporte des preuves incontestables, on trouve des circonstances atténuantes, manifestant une clémence que pour rien au monde on n'appliquerait à l'élu de notre cœur en pareilles circonstances. Seule exception à cette règle : la situation où un homme nous trompe. Dans ce cas, on blâmera la femme même si on est amie avec elle, car on admet implicitement que la faiblesse masculine ne peut être à la hauteur de la perversité féminine.

Contrairement à ce qu'on croit, les femmes

sont prêtes à faire davantage de concessions dans l'amitié que dans l'amour. Pourquoi demeurer amie avec une femme qui, en dépit de l'amitié qu'elle nous manifeste, nous fait souffrir ? On sait avec quelle dureté une femme peut en blesser une autre. Est-ce la répétition plus ou moins consciente de la manière dont est vécue la relation avec notre mère ? Plusieurs femmes vivent, de fait, leurs amitiés féminines dans l'affrontement perpétuel.

J'ai une amie loyale et généreuse comme pas une qui vit en permanence brouillée avec l'une ou l'autre de ses amies proches. On ne compte plus les fois où elle a raccroché au nez d'amies qui avaient eu la mauvaise idée de la mettre face à ses contradictions. Toute sa vie se passe à des fâcheries suivies de réconciliations dans les pleurs et les rires mêlés. Cette femme souffre plus qu'elle ne fait souffrir car ses proches, l'une après l'autre, ont appris à se blinder contre ses emportements où la colère le dispute à la peur d'être abandonnée. Certaines ont rompu définitivement avec elle mais la plupart demeurent amies sachant pertinemment que la loyauté dont elle fait preuve à leur endroit est une vertu si rare de nos jours qu'il faut la préserver ; aussi capricieuse et fatigante soit-elle, elle sera toujours là pour les défendre.

Les amies peuvent nous blesser consciemment, ce à quoi certaines ne résistent pas mais la plupart du temps elles le font inconsciemment. L'intensité de l'amitié nous rapproche, et cette proximité qui favorise les échanges et les confidences nous rend perméables aux remarques blessantes ou aux insultes. Plus l'intimité est profonde, plus le propos désobligeant nous atteint. Toute histoire d'amitié forte et vraie ne se raconte pas sans ces heurts et ces tensions que les amies s'infligent et dont elles sont incapables parfois de comprendre les raisons.

Comme d'autres, j'ai été blessée par des amies tout au long de ma vie. La plus douloureuse de ces blessures est survenue dans les dernières années et la réminiscence de la douleur ressentie me la rend encore présente. À ce jour, je suis incapable d'en comprendre l'origine. Je ne l'ai pas vécue comme une trahison car il me semble que pour trahir il faut préméditer le geste. Cela suppose une volonté de heurter l'autre, ce qui n'est absolument pas le cas. À vrai dire, l'amie ignore la violence de ma réaction et je serais incapable de lui expliquer concrètement non pas ce qu'elle a dit puisqu'elle n'a eu aucun propos désobligeant à mon endroit mais ce qu'elle n'a pas dit. Si trahison il y a eu, c'est par omission. J'en ai déduit par son incapacité à reconnaître l'importance de notre amitié que mon attachement pour elle était plus fort que le sien pour moi. Car je l'ai toujours considérée comme une amie intime, de celles que l'on compte sur les doigts de la main. Selon les étapes de nos vies nous avons partagé des secrets, discuté politique, culture, abordé tous ces sujets qui nous tenaient à cœur, nos échanges ont toujours été aussi passionnés et stimulants que sincères. Sans sa présence au moment le plus dramatique de ma vie amoureuse, j'aurais eu peine à sortir du désespoir et à reprendre goût à la vie que je menais sans visière. Notre relation se vivait aussi dans la pudeur car il est faux de croire que les femmes se disent tout et mettent toujours leurs tripes sur la table. On choisit les amies à qui on confie des aspects de notre intimité. On raconte à l'une ce que l'on tait à l'autre. Cette amie n'était pas la confidente de tous mes secrets, ni moi des siens. Mais elle appartenait à ma sphère intime, celle des grandes espérances, des combats à mener, des défis à relever, des expériences dont on est fière de les avoir vécues ensemble.

Peut-être me suis-je trompée en ayant le sentiment que j'accordais infiniment plus d'importance à notre amitié qu'elle ne le faisait. Que j'aie raison ou tort est devenu secondaire face à l'immensité de la peine que j'ai ressentie. Durant quelques semaines, je m'obligeai à chasser de mon esprit tout souvenir rattaché à elle. C'est alors que j'ai compris que la peine d'amitié se compare à la peine d'amour. On ne sort indemne ni de l'une ni de l'autre. Je me suis alors promis de la revoir, de faire les premiers pas, après avoir des mois durant attendu un signe de sa part qui n'est jamais venu. Je m'ennuie de nos échanges en forme de pugilats intellectuels, cette façon que nous avons d'analyser et de décrypter autant les faits de société que les forces qui les traversent. Je n'ai jamais bien compris sa fascination pour le pouvoir et ceux qui l'exercent et ce trait de caractère me la rend mystérieuse et d'autant plus attirante. Il y a chez elle une angoisse qui s'oppose à la mienne mais nos tempéraments si différents avaient jusqu'alors su s'accommoder. Quand arrive dans la vie un événement parfois insignifiant qui met à nu notre vulnérabilité, on est en droit de s'attendre alors que nos amies puissent détecter ces faiblesses et se mobilisent afin de nous apporter compréhension et affection. Les grandes amitiés ne doivent-elles pas être portées par une sorte d'altruisme, ce mélange d'intuition, d'écoute et d'affection sur lequel on peut compter quand des coups durs surgissent ?

Pourquoi avons-nous tendance à croire que nous vivons dans une égalité de sentiments alors que les blessures amicales reposent souvent sur la trahison ? Par des relations communes, j'ai croisé une femme qui a failli sombrer dans la dépression après avoir été brutalement congédiée de la vie d'une artiste reconnue, pour laquelle elle éprouvait une admiration et une affection inconditionnelles.

Durant vingt-cinq ans, elle avait su pourtant la faire bénéficier de son réseau social et de ses propres compétences. Durant vingt-cinq ans, sa disponibilité avait été sans limites et sa générosité à son égard jamais démentie, au point que certaines, dans son entourage, trouvaient qu'elle exagérait. « Elle abuse de toi », lui disaient parfois les copines, mais elle balayait leurs remarques du revers de la main et assurait que l'autre lui rendait son amitié au centuple. Tout le monde en doutait, sauf elle dont la loyauté est une seconde nature.

À ce propos, il faut préciser que rares sont les hommes dans la vie des femmes qui se permettent de juger leurs amies. Il existe une étanchéité voulue par les femmes elles-mêmes entre le domaine amoureux et le domaine amical. Les femmes prennent même un plaisir secret à recouvrir leurs amitiés d'un rideau de mystère qui confond leurs compagnons. Ce qui fait qu'au moment où la femme subit une peine d'amitié, l'homme partageant sa vie se sent incapable de la réconforter, ce qui fut le cas de cette femme tant blessée. Et rien ne sert alors de se heurter davantage en cherchant des explications à des comportements relevant davantage de l'égoïsme, de l'hypocrisie et de la méchanceté. La désinvolture intolérable, l'insensibilité, le silence sont autant de coups de couteau dont on ne sait comment se relever. Combien de femmes n'ont pas vécu cette histoire d'une amitié bafouée où la sincérité et l'engagement émotionnel de l'une se sont heurtés à la cruauté, l'indifférence et l'égocentrisme de l'autre ?

Les femmes savent pratiquer la cruauté entre elles. Leur connaissance instinctive de l'univers émotionnel qu'elles cultivent dès le plus jeune âge les prépare à nouer des liens entre elles pour le meilleur et pour le pire. Une forme de méchanceté faite d'envie, de désir de blesser et de dénigrer celles qui les déçoivent ou les défient leur est naturelle. Les femmes entre elles peuvent être impitoyables et certaines n'hésitent pas à utiliser l'amitié comme une arme de destruction massive. Une femme qui a jeté son dévolu sur le mari d'une amie peut user de son amitié avec cette dernière sans remords et sans excuse. Combien de femmes ont ainsi été trahies, perdant du même coup deux êtres qui leur étaient chers. Combien de victimes d'amies à qui on a fait subir ce jeu impitoyable de la vérité où en tortionnaires raffinées des amies ont trouvé les mots pour les déstabiliser et les blesser à mort. Sous le coup de la passion et de la vengeance, les femmes trouvent toujours les mots pour tuer symboliquement la « grande » amie. Nous avons toutes vécu des ruptures plus ou moins tumultueuses et qui nous ont laissé des cicatrices indélébiles, que nous ne pansons jamais.

L'évolution des relations entre les sexes, au cours du siècle dernier, a obligé les hommes à une redéfinition d'eux-mêmes et à des adaptations aussi rapides que subies. La libération plus ou moins réussie des femmes a par ailleurs introduit dans leurs relations aux hommes, collègues, fratries, amoureux, amis, une tension nouvelle qui n'est pas près de s'atténuer. De fait, le mouvement d'égalité des sexes a rendu plus complexes et opaques les relations, au travail en particulier. En accédant aux fonctions jadis réservées aux hommes, les femmes retrouvent désormais dans leur univers professionnel d'autres femmes ambitieuses comme elles.

Il existe donc, dans les relations entre femmes, un type de compétition jadis inexistant. Auparavant, les femmes se disputaient pour le même homme, elles se trahissaient pour lui, elles rompaient leur amitié à cause de lui. Il existait bien de ces compétitions, secondaires, au sujet des enfants, du statut social, de la richesse matérielle, mais celles-ci étaient la plupart du temps reliées à la présence de l'homme dans leur vie. N'oublions pas que dans le passé la femme accédait à la richesse et au statut social, ces signes extérieurs de l'affranchissement, grâce au père ou au mari. Il fallait qu'il y ait mort d'homme pour qu'elle accède à l'argent à titre d'héritière. De nos jours, les femmes se retrouvent en compétition directe, et cette compétition n'est pas sans conséquences sur leurs relations entre elles. L'amitié n'appartient plus à la seule sphère du pouvoir, mais met en jeu des mécanismes de rivalité qui la rendent plus fragile et plus aléatoire.

Pourtant, une des règles pour que dure une relation implique d'éviter les sources de friction inhérentes à la compétition. Or, contrairement aux hommes pour qui cette compétition demeure un trait de leur identité masculine, les femmes ne l'ont pas encore bien intégrée. Les hommes savent mieux délimiter les frontières entre amitié et concurrence et mieux gérer les conflits. La pratique des sports d'équipe les y a habitués. Cela est moins évident pour les femmes dont l'ambition professionnelle est grande et qui n'ont pas vécu d'autre expérience collective. Je connais une femme qui, devenue chef d'une entreprise immense, a laissé tomber ses plus vieilles amies qui pourtant avaient contribué à sa réussite. Comme si son poste de haut niveau était incompatible avec sa vie d'avant, comme si les qualités de patronne demandaient d'éradiquer en elle la tendresse et la sensibilité. L'amicale des abandonnées, à comprendre qu'elles se retrouvaient toutes à la même enseigne, en a éprouvé moins de souffrance que de déception. Et la déception en amitié est ce qu'est la nostalgie au souvenir. Pour oublier, on dit : « Elle ne méritait pas l'affection que je lui portais », mais on ne

le croira qu'à moitié. Ou alors : « J'ai toujours
senti que je ne pourrais pas compter sur elle
en cas de coup dur », mais on se leurre pour
atténuer la peine que l'on ressent qu'une
amie de longue date nous abandonne. On se
demande comment elle a pu oublier que
durant des mois, en pareilles circonstances,
on l'avait soutenue, consolée et divertie.
L'amitié suppose la confiance dans la durée
et la présence aux heures moins réjouissantes.
Croire que les femmes sont plus solidaires,
plus fidèles, moins calculatrices en amitié
qu'en amour, c'est donc se préparer à des
lendemains qui déchantent.

Chose curieuse, ces pertes et ces blessures
ne sont pas un sujet de prédilection chez les
femmes, surtout quand elles parlent publiquement. Alors que les peines d'amour sont au
cœur de leurs conversations, les douleurs infli-
gées par leurs amies ne sont pas avouables.
Est-ce pour éviter de briser l'image idyllique
de la femme, reine de la planète émotionnelle,

affectivement vertueuse, victime séculaire de la brutalité sentimentale des hommes? De fait, dans le domaine amoureux, les hommes ont le dos large car, pour se consoler de leurs amours déçues, les femmes ont compris que les accabler avait un pouvoir thérapeutique. La solidarité féminine sert de mécanisme de défense contre la traîtrise masculine. De nos jours nous prenons souvent l'initiative de la séparation du couple, mais on évite de le crier sur les toits sauf pour démontrer qu'on a fait preuve d'un courage dont le conjoint, dans sa faiblesse génétique, est dépourvu. On a tendance, tout en se sentant coupable, car on n'est pas ici à une contradiction près, à croire qu'on aime plus et mieux que nos partenaires. De là à conclure en cas de rupture que les torts sont dans le camp de l'homme, il y a un pas qu'on franchit sans hésiter. Même perdantes et malheureuses, on s'en sort avec les honneurs rattachés à notre sexe car rares sommes-nous à reconnaître que nous avons pu trahir l'amour.

Dans l'amitié, c'est différent. On ne peut pas accuser l'autre d'insensibilité, d'incompréhension selon la logique de la guerre des sexes. Force est d'admettre la dureté et la férocité que nous pouvons déployer. On se trahit, se heurte, se blesse sans ménagement et sans remords. Les femmes usent de mots, en apparence innocents, qui paralyseront de stupeur l'amie ciblée. Faire souffrir demeure un plaisir pervers qu'on recherche parfois quand on a souffert un jour. Les femmes, toujours prêtes à affronter les risques de l'amour, ont un besoin irrépressible de croire qu'elles sont prémunies contre toute forme de violence entre elles, qu'il y aurait en quelque sorte une internationale de solidarité et d'entraide qui les préserverait de tout affrontement.

Désormais, les femmes s'affrontent dans

des batailles d'ego, se disputent le prestige de l'image, luttent par carriérisme, usant de toutes les armes à leur portée, celle d'abord qui leur est familière, la séduction des hommes. Elles séduisent pour écarter les rivaux, et dommage si une amie se trouve sur leur chemin vers le pouvoir auquel elles aspirent. Ainsi la solidarité caractéristique de l'amitié féminine ne résiste pas à ces comportements vieux comme le monde que beaucoup de femmes aiment croire réservés aux hommes.

Il faut briser le silence qui entoure les ruptures d'amitié entre femmes. L'histoire la plus triste que je connaisse est celle de deux amies de plus de quatre-vingts ans. La première, appelons-la Jeanne, a voulu aider financièrement Marthe à acquérir un appartement plus adéquat vu sa dégradation physique. Pour des raisons fiscales, l'affaire ne pouvait se conclure sans un coût prohibitif pour Jeanne la généreuse. Devant l'impossibilité d'obtenir ce prêt,

Nos chères amies...

Marthe a réagi avec une violence et une hargne qui ont terrifié Jeanne et l'ont plongée dans un désarroi et une tristesse inguérissables. Marthe l'a insultée, dénigrée au point que Jeanne a dû consulter ses enfants, ne sachant plus que faire. Quarante ans d'amitié se sont effondrés en une semaine. Aucune rupture amicale ne peut être plus désolante que celle de ces deux vieilles dames qui s'affectionnaient et croyaient mourir en étant amies.

L'amitié comme mode de vie

Je connais peu d'amies qui passent une seule journée sans se parler. Pour durer, l'amitié exige un rituel, mais la fréquence des conversations avec une amie n'établit pas obligatoirement le degré d'amitié avec elle. Autrement dit, à chaque amie est réservé un scénario : des thèmes dominants, une façon différente de communiquer, des échanges sur un ton qui tend à exclure les autres et un niveau de confidence qui n'a pas tendance à changer au fil des ans. Les amies les plus proches, celles à qui on dévoile les aspects les plus secrets voire les plus sombres de notre personnalité, celles qu'on réclame au moment des drames, on a besoin avant tout de les

savoir disponibles. Elles sont notre baro-
mètre, leur présence dans notre vie rassure.
Ce sont des points d'ancrage, peu importent
nos errances périodiques. Ce ne sont pas forcément à elles que l'on confie les petits soucis,
ces niaiseries auxquelles nous donnons trop
d'importance au quotidien, qui alimentent
par ailleurs nos conversations et assoient les
échanges au jour le jour. « J'ai perdu ma clé de
voiture en changeant de sac à main » n'est pas
de la matière pour ces amies. Pourtant, rien
n'est plus nécessaire que ces propos anecdo-
tiques, ces vide-anxiété qui nous rapprochent
des autres, nous permettant de raffermir nos
liens amicaux. Il faut voir avec quel empresse-
ment on se précipite sur nos portables ou nos
boîtes vocales dans l'espoir d'un signe amical.
En ce sens, les grandes amies qu'on ne voit
que pour les questions graves ne suffisent pas
à combler pleinement notre vie affective.

D'autant qu'on passe une partie du temps à se plaindre du manque de temps. Pour réussir à se voir, il faut bousculer des horaires, modifier un planning souvent contraignant. Lorsqu'on y réussit, la rencontre relève autant du divertissement que de la thérapie. Ces tête-à-tête entre amies pour faire le point sur nous-mêmes, pour comparer nos réactions, pour chercher à se donner raison, pour rire des autres et de soi, s'apparentent au sentiment de bien-être que délivrent les instituts de beauté. Déjeuner avec une amie provoque le même effet qu'un bon massage. On en ressort ragaillardie, détendue, légère et avant tout heureuse d'avoir reçu et donné de l'affection. Il faut rappeler cette vérité première, que l'amitié repose d'abord sur cet échange, cette complicité, cette harmonie. Être amie, c'est aimer une personne qu'on a choisie et qui nous a choisie. Seul le temps démontrera si on a eu tort ou raison, mais à quoi sert le regret sinon à nous empoisonner la vie ?

Le tête-à-tête n'est qu'une des variantes de l'amitié. On a aussi besoin de se retrouver à plusieurs dans des rencontres où chacune trouve son compte selon l'état dans lequel elle est. On s'y réconforte à tour de rôle, on remonte le moral de la déprimée de l'hiver, on calme l'hystérique qui vient de se brouiller avec son associé, on applaudit au succès professionnel de celle qui vient d'obtenir une promotion et on confesse la nouvelle amoureuse transie. Ces soirées, les femmes les anticipent, ce sont des heures volées à la routine familiale ou de travail. Ce sont aussi des lieux où en aparté on choisit l'interlocutrice à laquelle on racontera sur un ton confidentiel ce que la plupart des autres savent déjà. C'est un espace initiatique, ludique, reposant et stimulant.

Ces rencontres entre femmes commencent dans l'enfance et se poursuivent à tous les âges de la vie. De plus en plus de jeunes mères de famille s'octroient une soirée pour sortir entre filles, oublier couches et biberons, maris et boulot, pour continuer comme du temps de leur vie de filles. Être ensemble, c'est parler et écouter sans arrière-pensée avec le sentiment que la vie est concentrée dans cet espace physique où l'on ne vous demande rien d'autre que d'être là et où la Terre s'est arrêtée de tourner. Cette émotion, pour la revivre constamment, certaines sentent le besoin de renouveler leur cercle. Comme si de nouvelles amies étaient nécessaires afin que par effet de miroir, elles leur renvoient des images différentes d'elles-mêmes et leur donnent ainsi le sentiment d'évoluer.

Certaines amitiés ont cependant un autre rôle dans la vie d'une femme. Elles ne sont pas nécessairement basées sur la confidence partagée, mais alimentent la vie affective. Elles sont la réponse aux échecs amoureux, au stress, à l'ingratitude des enfants, à l'indifférence généralisée et la solitude qui vient avec le grand âge. J'ai une très grande amie qui pourrait être ma mère et qui, après avoir vu les amies de son âge disparaître une à une a su s'entourer de femmes de vingt, trente et quarante ans plus jeunes qu'elle afin d'échapper à la pire des vieillesses, celle de l'esprit. Les soirées amicales, c'est sa cure de jouvence régulière. Durant ces heures, oubliant son âge, elle se sent délivrée des clichés qui proclament qu'entre générations, il est impossible de s'entendre.

L'amitié s'accommode cependant de la félicité amoureuse. Certaines ont tendance, il est vrai, à prendre leurs distances au début d'une histoire d'amour, mais la majorité des femmes ne ressentent pas ce besoin de s'isoler ou de mettre l'amitié entre parenthèses. Au contraire, on trouve un plaisir supplémentaire à confier notre bonheur. Dans les débuts, la peur de perdre l'être cher, de perdre ce qui semble un rêve trop fragile est très présente. « Je ne peux pas le croire. C'est trop beau pour être vrai », répètent les nouvelles amoureuses. Les amies sont donc mises à contribution. Celle qui n'a pas, avec ses amies, jaugé durant des heures l'intensité, l'authenticité et la qualité du sentiment amoureux d'un nouvel amant de cœur est orpheline d'une des dimensions les plus exaltantes de l'amitié au féminin. Rien n'est comparable à ces échanges où chacune se révèle avec sa sensibilité propre, sa chaleur particulière, son humour singulier voire même son scepticisme irritant. Les amies qui ont un tempérament très différent du nôtre nous aident à poser sur nous-mêmes et sur notre façon de vivre et d'aimer un éclairage tout en nuances et en relief. Ce sont des moments irremplaçables qui servent à se rassurer, à se convaincre, éventuellement à changer d'idée. Je connais nombre de femmes qui ont trouvé, dans ces soirées à l'enseigne de l'amitié, le courage de poser un geste qui a changé radicalement leur vie. Car nos amies exercent une influence beaucoup plus grande qu'on ne le reconnaît. Et si on leur est reconnaissante de nous avoir conseillé telle crème à effet lifting, on n'ose pas toujours les remercier de nous avoir convaincues de quitter un homme dont on savait intimement qu'il n'était pas fait pour nous et risquait de nous faire verser toutes les larmes de notre corps. Une femme qui prétend ne subir aucune influence de la part de ses amies est une femme inconsciente, menteuse ou qui n'a pas de véritables amies.

Dans le passé, les femmes partageaient leur vie entre le mari, les enfants et la famille. Ma propre mère avait conservé deux ou trois amies d'enfance avec lesquelles elle a gardé un contact téléphonique qui s'est résumé à une dizaine de coups de fil et de rencontres au cours de sa vie. Ses « amies », mais jamais elle ne les a désignées ainsi, c'étaient ses sœurs. De nos jours, l'amitié se vit plus en dehors de la structure familiale. Il est très rare qu'une femme parle de sa sœur ou de sa cousine comme de sa meilleure amie. L'éclatement du couple a entraîné celui de toute la famille et ce sont les liens des lignées qui éclatent aussi. Les gens retrouvent leur famille à Noël, lors de mariages ou le plus souvent aux funérailles. Les réunions familiales s'espacent. Les jeunes n'ont plus tendance à choisir leurs amis au sein du clan familial. Ils y voient d'ailleurs une façon de s'affranchir. De plus en plus, les amis remplacent la famille. Je suis entourée de femmes qui invitent leurs amies à Noël afin de ne pas se retrouver seules avec leur parenté proche devenue quasi étrangère. Comme le dit l'une d'elles : « En invitant mes amies le jour de Noël, j'évite les vieux psychodrames familiaux où la sœur ou le beau-frère se vide le cœur. Ça allège l'atmosphère et ça

me permet de maintenir un semblant de tra-
dition. De toute façon, je l'avais promis à ma
mère sur son lit de mort. »

Après la mort de ma propre mère, j'ai
trouvé une mère adoptive en la personne de
ma très chère amie Benoîte, et ses filles et moi
nous nous sommes adoptées mutuellement.
J'ai aussi des amies plus jeunes que je traite en
sœurs, et j'avoue que cela me fait chaud au
cœur. L'amitié est devenue le lien rêvé de
toutes celles qui sont confrontées à la solitude
faute d'amoureux, de famille, d'enfants, ou
dont les enfants ne donnent que des signes de
vie espacés. Nos enfants sont d'ailleurs aimés
par nos amies et sont eux-mêmes attachés à
certaines d'entre elles. Le fils d'une de mes
amies avait limité à cinq le nombre d'amies
que sa mère pouvait inviter à son mariage,
mais j'appartenais à sa liste à lui : depuis son
plus jeune âge nous avons un faible l'un pour
l'autre. C'est l'ère de la famille amicale élargie,

où l'amie fait fonction de seconde mère quand il y a un problème.

Ce clan des femmes, on le retrouve souvent chez celles qui ont atteint la cinquantaine. Elles ont lutté pour l'égalité entre les sexes, revendiqué toutes les libertés dont elles se sentaient privées y compris la liberté sexuelle, elles ont souvent pris l'initiative de rompre leur vie de couple ou amené leurs compagnons désemparés à les quitter car ces derniers n'ont plus reconnu la femme docile qu'ils avaient conquise et aimée. Elles ont adhéré à l'idée qu'il valait mieux vivre seule que mal accompagnée. Elles en ont conclu que la solitude dans laquelle elles se retrouvent si nombreuses représente un prix acceptable pour leur liberté et leur quiétude morale. Ces femmes sont, en quelque sorte, les gardiennes du temple de l'amitié, une valeur inestimable à leurs yeux. Celles qui ont des enfants y trouvent des consolations et des joies indiscutables mais la fréquentation très régulière de leurs amies leur est vitale. Que seraient, par exemple, les week-ends sans ces sorties au théâtre, au cinéma, suivies de dîners pour partager leurs soucis, pour discuter de l'actualité, pour s'engueuler joyeusement sur un mode où l'humour est toujours présent ?

Il y a plusieurs années, en Amérique du Nord, il était fréquent de voir des groupes de femmes seules au restaurant ou au concert. À cette époque, en France ou en Italie, ce phénomène était rare. Or aujourd'hui, partout en Occident, dans les endroits publics, des femmes sans hommes se retrouvent dans un climat de jovialité et de chaleur. Elles parlent de l'absence des hommes dans leur vie mais contrairement à ce que l'on croit, elles préfèrent pour la plupart rester seules et s'en plaindre que vivre malheureuses auprès d'eux.

Et que feraient les femmes vivant en couple sans leurs amies ? Les amoureux, maris ou compagnons, sont les derniers à qui l'on peut confier ces sentiments tordus qui habitent de temps à autre toute femme normalement constituée. L'amitié féminine peut être compliquée mais on adore la complication sentimentale. On s'y sent confortable et on est sûre de ne pas s'y ennuyer. Lorsqu'on vit éloignée de nos amies, elles nous manquent. J'ai de grandes amies sur deux continents et je passe ma vie à m'ennuyer de celles que je ne vois pas durant plusieurs mois. J'alterne mes ennuis, à vrai dire car ni les coups de téléphone, ni les courriels ne remplacent leur présence physique. Ces amies qui m'ont entourée, stimulée, réconfortée, j'ai parfois le sentiment que la distance et le temps qui passe me les volent. Mais quand je les retrouve, la peur de les perdre disparaît. La conversation reprend, comme hier, sans hiatus.

Les femmes qui ne choisissent que des amies qui leur ressemblent se privent d'une dimension importante de l'amitié qui est le dépaysement. Il faut métisser nos amitiés. La fréquentation d'amies d'univers en apparence éloignés du nôtre nous rend davantage conscientes de nos similitudes. L'amitié tend à abolir les obstacles et fait apparaître les connivences. Toutes les femmes sans exception partagent des points de vue complémentaires sur les hommes, sur les enfants, sur l'amour qu'on reçoit et qu'on veut donner. Parler de nos enfants est un terrain d'entente naturel entre amies et quand une mère devient trop excessive dans la louange de son rejeton, on se reconnaît encore à travers elle. Il existe une internationale des femmes aimées, de celles qui sont humiliées, maltraitées, de celles qui se sont affranchies à force de se battre, de celles très minoritaires encore qui détiennent le pouvoir dans leur secteur d'activité. L'amitié féminine se nourrit de toutes les solidarités sans s'attacher aux différences culturelles ni religieuses. J'ai des amies jeunes, musulmanes, athées, et rien de ce qui nous distingue ne nous sépare. L'amitié agit à la manière d'une force centrifuge.

Avec l'âge, le besoin de se retrouver entre amies devient plus pressant. En particulier pour celles qui ont mené leur vie sans le soutien de la solidarité féminine dont elles se méfiaient, de peur qu'elle nuise à leur action dans un milieu presque exclusivement masculin. Ces femmes-là découvrent sur le tard les vertus curatives de l'amitié. Elles se sentent autorisées désormais à exprimer de la tendresse pour les femmes en général et leurs amies en particulier. C'est le cas de cette magnifique Simone Veil qui avouait récemment le bonheur qu'elle retirait de la compagnie des femmes.

À notre époque où les femmes de cinquante ans s'estiment jeunes, où les septuagénaires se considèrent «pas vieilles», où la chirurgie esthétique sert de frein «pour réparer des ans l'irréparable outrage», pour citer Racine, les femmes – appelons-les mûres ou très mûres – aiment fréquenter des amies plus jeunes, un lifting pour leur moral, disent-elles. Mon amie octogénaire, énergique, curieuse et sans nostalgie, est la coqueluche des quadragénaires et le modèle des trentenaires qui se disputent son amitié. Heureusement, les femmes ont beaucoup moins tendance à mettre en avant les différences de génération qu'autrefois. Les jeunes femmes le comprennent plus facilement que leurs aînées pour qui l'amour donnait seul un sens à leur vie. Souvenons-nous du malaise, voire de la honte, qu'éprouvaient jadis les femmes demeurées célibataires qui étaient ostracisées, voire diabolisées. Elles suscitaient le rejet des femmes mariées qui craignaient ou de se faire ravir leur mari, ou de finir comme elles dans une solitude montrée du doigt. Les filles aspirent toujours à vivre la passion amoureuse mais ne croient plus avoir raté leur vie si d'aventure elles ne parviennent pas à rencontrer le compagnon idéal. Ceci à la condition de pouvoir compter sur des amies qu'elles installent au cœur de leur vie. C'est avec ces dernières qu'elles planifient désormais des vacances. C'est même avec elles qu'elles envisagent l'avenir. « Quand on sera plus vieilles », entend-on souvent dans la bouche de très jeunes filles qui se projettent dans le futur. Car elles sont convaincues que l'amitié est davantage à l'abri des déchirements affectifs que l'amour.

Un des signes de cette nouvelle constellation affective se retrouve curieusement dans les pages nécrologiques. Depuis peu, il arrive que le texte de l'annonce d'un décès décline

Nos chères amies...

non seulement le nom des membres de la famille mais celui d'une ou deux amies. Les liens amicaux s'inscrivent de la sorte dans la pérennité et tendent à prouver que l'amitié est devenue aussi importante dans nos vies que l'amour et les liens du sang.

Postface

J'ai commencé ce livre le cœur brisé par la rupture avec une amie qui m'était proche. Nos amies communes, toutes peinées, ont espéré une réconciliation entre nous. Mon chagrin m'a fait prendre conscience de l'importance fondamentale du lien qui m'unit à d'autres femmes et que ne comblent ni l'homme miracle surgi tardivement dans ma vie, ni l'amour maternel si fort et si passionnel que j'éprouve pour mon fils. Au fil de cet ouvrage, j'ai revécu des amitiés disparues, d'autres que je souhaite renouer, et celles qui m'ont heurtée et que je croyais enfouies. J'ai même noué de nouvelles amitiés qui me comblent. Et cette remontée m'a non seulement apaisée, mais permis de retrouver la force de briser le silence qui m'emprisonnait. J'ai senti à quel point les conversations, les prises de bec, les enthousiasmes que je partageais avec celle qui ne donnait plus signe de vie étaient vitaux, je m'ennuyais d'elle, à moi de le lui déclarer. Être amies, c'est avant tout se sentir en manque de l'autre. Ces coups de téléphone échangés fréquemment, ces courriels « sans objet » sont une manière de s'assurer que l'amie est toujours là : « Ça va ? demande-t-on. – Tout va bien », répond l'amie. Tout est dit. On raccroche rassurée, contente, et ce contentement s'apparente à un bonheur.

Table

DU MÊME AUTEUR

Aux Éditions Albin Michel

LETTRE OUVERTE AUX FRANÇAIS QUI SE CROIENT LE
  NOMBRIL DU MONDE, 2000.
OUF ! 2002.
ET QUOI ENCORE ! 2004.
EDNA, IRMA ET GLORIA, 2007.

Chez d'autres éditeurs

LA VOIX DE LA FRANCE, Robert Laffont, 1975.
UNE ENFANCE À L'EAU BÉNITE, Le Seuil, 1985.
LE MAL DE L'ÂME, en collaboration avec Claude Saint-
  Laurent, Robert Laffont, 1988.
TREMBLEMENT DU CŒUR, Le Seuil, 1990.
LA DÉROUTE DES SEXES, Le Seuil, 1993.
NOS HOMMES, Le Seuil, 1995.
AIMEZ-MOI LES UNS LES AUTRES, Le Seuil, 1999.

Éditions Albin Michel
22, rue Huyghens, 75014 Paris
www.albin-michel.fr

ISBN : 978-2-226-18670-6
N° d'édition : 25536 – N° d'impression :
Dépôt légal : mai 2008

Achevé d'imprimer au canada en avril 2008
sur les presses de Quebecor World Saint-Romuald